位西泠丛书　主编刘江

東風浩蕩

沙孟海题

王佩智　编著

西泠印社出版社

总 序 / 魏皓奔

保存历史　传承文明

闻名天下的西泠印社，沐浴着得天独厚的湖光山色，积聚了灿烂辉煌的人文景观。她的创立和发展，始终是杭州文化史上绚丽夺目的亮点，是印文化史上值得大笔泼墨的画卷。《品味西泠丛书》的创意，正是基于这一思路，通过整理编辑系列作品，逐步展开西泠印社走过的百年历程的多棱画面，让读者从不同侧面品味西泠印社昨日的沧桑岁月，品味西泠印社今天的辉煌成就。

西泠印社的历代先贤们为我们创造了无数丰富的文化遗产，但由于历史的原因，一直以来，我们能够了解的层面、深度有限。2004年为了落实国家文物局建立全国重点文物保护单位“四有”（有保护范围、有标志说明、有记录档案、有保护机构）档案的要求，开始比较系统的搜集、整理工作，完成总计35册的资料成果。如何使用、延伸这批成果，是我们思索的一个问题。是把它藏于“深闺”，束之高阁，作为一项任务的最终完结，被动地等待有人识鉴？还是把它分不同侧面进一步整理归纳，并在不断的新发现中，丰富和完善史料内容，分类结集出版，主动地宣传印社扩大影响？虽然困难很多，我们仍然有信心地选择了后者。从这个意义上说，《品味西泠丛书》的问世，即得益于“四有”成果，又是对“四有”成果的延伸。丛书的优势在于，它可以从容地用较宽的篇幅，从新的视角，尽可能广泛地聚集零散资料，细微地反映西泠印社百年历史长河中与重大事件有关联的人、事、物，最大限度地搜寻第一手资料，为社史及其它门类的研究和编纂提供可资参考、评析的依据。

西泠印社正以崭新的面貌、和谐创业的精神引领各项事业不断地向前发展，我们有责任传承百年光荣传统和办社宗旨，我们更有能力在新百年的起点上与时俱进，高瞻远瞩，攀登更高的奋斗目标。今天的西泠印社在落实“天下之社”、“名家之社”、“博雅之社”的宏伟蓝图中阔步前进，我们有责任以多种形式、分门别类地介绍西泠印社金石书画艺术研究创作的新成就，展现可移动文物、不可移动文物的保护与修复的新业绩，多层次地挖掘西泠印社文化内涵，记录与时俱进中的西泠印社的各个侧面。这种表现形式的目的和要求，以丛书的版式和格调、视角来承担这一使命的设想和定位，创意科学，富有意义。这本身也是在纪录历史，为未来创造文明成果。同时，这种表现形式可以拉近与不同读者的距离，更广泛地扩大受众面。使读者在浏览和品赏中，全面认识发展中的西泠印社。

丛书力求做到通俗易懂，雅俗共赏，既不同于精深的研究专著，也不同于简易的图解。立意是祈望专家学者能从这里有所发现，广大读者能在这里产生兴趣。如果能实现这些初衷，我们将倍感欣慰。相信通过大家的不懈努力和辛勤劳动，西泠印社这块杭州乃至浙江地域特色的国际“金名片”将会更亮，更响，更有魅力。

2005年6月

目　录

上篇　阴霾袭来

正当我们想全面实施60周年大会制定的计划，振兴西泠印社，准备进一步改进杭州书画社经营、发展生产的时候，全国的政治气候发生变化，中华大地陷入了一场史无前例的大浩劫。杭州书画社、西泠印社也在劫难逃。

——原杭州书画社主任吕国璋说

第一章 阴云密布

1963年重阳节，西泠印社庆祝建社60年纪念大会隆重召开。大会通过了新的《西泠印社章程》，选举产生第一届西泠印社理事会，选举产生了以张宗祥为社长，潘天寿、傅抱石、王个簃、许钦文、孙晓泉为副社长的领导机构，吸收发展新社员，研究制订五年规划。大会强调“政治标准第一，艺术标准第二”，努力做到通俗化、群众化，使它发挥更大的教育人民的作用，积极开展艺术创作、学术研究及交流，力图把西泠印社办成金石书画艺术家的一个活动基地。经此恢复、重振，沉寂十数年的西泠印社以崭新的面貌再度容光焕发。

大会召开之前，杭州市文化局为了做好筹备恢复西泠印社的工作，按计划步骤召开纪念大会庆典及其今后的管理和建设，采取了多项措施。还先后从不同单位分别选调数人充实杭州书画社和西泠印社的领导力量，参与筹备恢复西泠印社庆祝大会。其中，吕国璋任杭州书画社主任，王树勋任杭州书画社副主任兼西泠印社办公室主任。

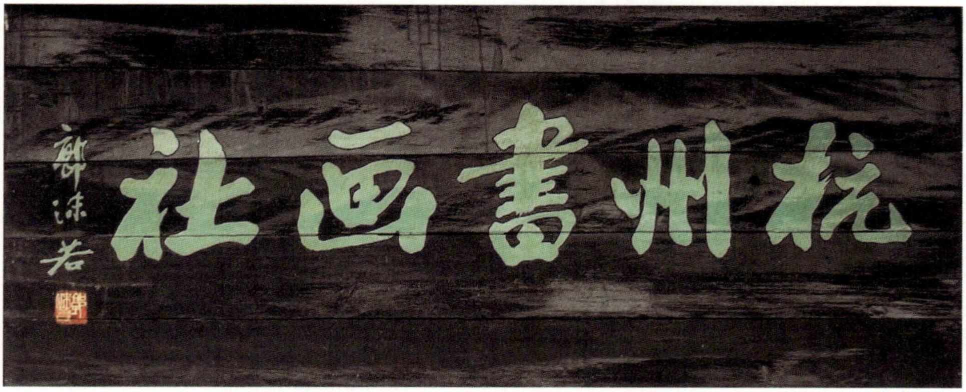

郭沫若题写的杭州书画社匾额

杭州书画社成立于1959年9月，时任全国人民代表大会常务委员会副委员长、文化名人郭沫若为其题写社名。杭州书画社定编为事业编制企业化管理性质，自收自支，自负盈亏，时编有职工17人，社址在解放路西端湖滨地段。下设书画图书文房用品经营部、书画展厅、裱画工场等。杭州书画社具有事业、企业双重身份。在事业方面，它的宗旨和业务范围包括团结书画家，开展书画研究和艺术作品展览，丰富群众文化生活；金石书画学术研究及发展交流、文物收藏。作为企业，它的经营范围包括金石、碑帖、印谱、拓片、文房用品、印泥、书画资料；兼营字画，装裱字画、刻印、内销文物等。这种事业、企业复合型体制，仿照北京荣宝斋、上海朵云轩而设立，对促进事业、企业共同发展，具有一定的优势。

1960年春上，上一年8月设立的由市文化局直接领导的西泠印社办公室（王树勋任主任）并入杭州书画社，由杭州书画社统一领导和管理，并承担其日常一切费用。杭州书画社在抓好生产经营的同时，全面负责西泠印社的恢复筹划和振兴发展。实际上，杭州书画社是西泠印社学术团体的行政领导机构和运行经济支撑。

1963年庆祝建社60周年大会以后，西泠印社办公室作为西泠印社学术团体

杭州书画社一楼平面示意图

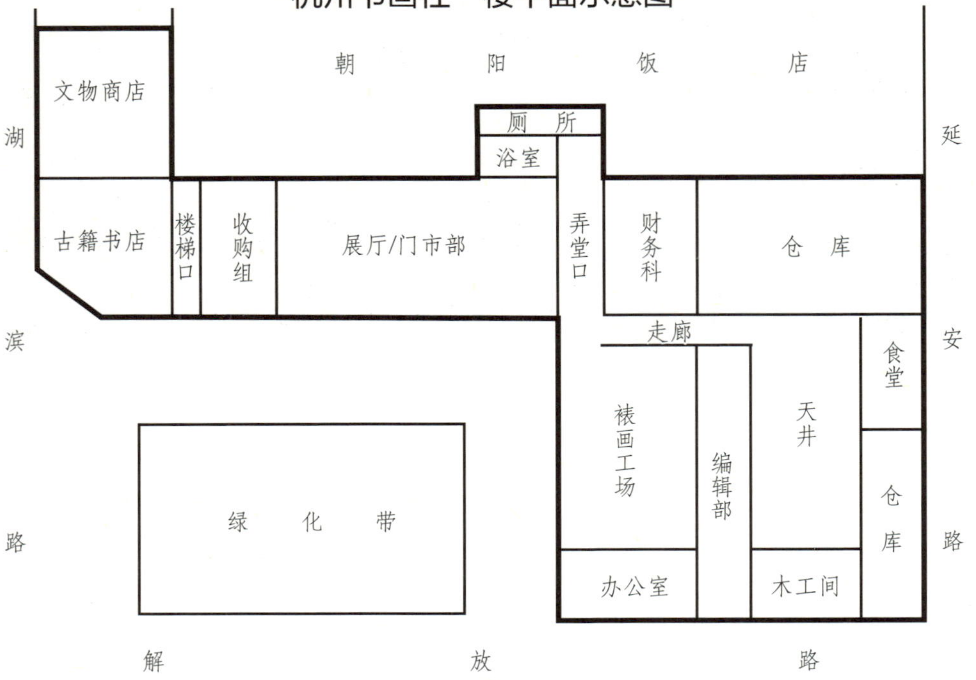

三楼平面示意图

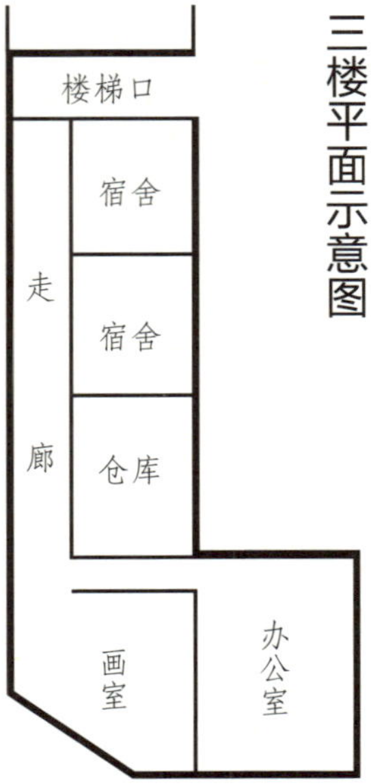

根据吕国璋、袁力鑫回忆绘制

的常设机构，负责日常事务的处理，时编有员工5人。大会闭幕期间，它的主要职能是承担实施大会计划，推动学术研究、艺术创作、社员联络等日常事务和葛岭库房的文物藏品管理。

当时就杭州书画社、西泠印社的编制性质而言，搞好社会服务，保证生存问题是首当其冲的重要任务，因而抓好经营生产是保障其生存的重要一环。新到任的杭州书画社领导根据面临的任务，实行“以企业养事业，以事业促企业”的办社方针，切实改进经营管理.。一年后即实现扭亏为盈，经济状况有所好转。

杭州书画社是杭城规模最大的金石书画文化用品及书籍交易场所，信誉度高，倍受社会各界的注目和青睐，艺术展览活动较为频繁，在国内外也有较高的知名度。不仅普通百姓喜欢到这里参观、购买文房用品，很多文学艺术界名流大家也经常来这里欣赏书画，参加书画雅集活动，尽兴地挥毫泼墨。“谈笑有鸿儒，往来无白丁”，像北京荣宝斋、上海朵云轩一样，杭州书画社是杭州文化的一大亮点，深受社会喜爱，是金石书画爱好者必到之处。经过几年的经营，这里已初步形成杭城文化用品集中展示、交流、选购的重点场所。它以文化用品为桥梁，凝聚一大批金石书画名家，培育了一大批金石书画爱好者，为杭州市的美术事业及书法篆刻艺术的发展做出了很大贡献。不仅有中央和省市领导经常光顾，沪杭两地的文化名流和书画艺术家如马一浮、张宗祥、潘天寿、沙孟海、邵裴子、吴茀之、诸乐三、阮性山、余任天、王个簃 、程十发、方介堪、方去疾、陆维钊等也经常来这里观瞻，或交流聚会，或举办展览。

西泠印社建社60年庆典之后，杭州书画社在“双百”方针的指引下，坚持以“以文养文”为主要手段，自谋发展，开端良好，经营规模不断扩大，效益攀升，赢得了社会的赞誉，也为西泠印社的稳定发展提供了必要的经济保障。西泠印社60周年大会制定的计划，正在逐项抓紧落实，如印学图书的出版编辑、社员创作等，并保持较好的发展势头。展望未来憧憬满怀，杭州书画社及西泠印社充满信心。

然而始料不及的是，“正当我们想全面实施60周年大会制定的计划，振兴西泠印社，准备进一步改进杭州书画社经营、发展生产的时候，全国的政治气候发生变化，中华大地陷入了一场史无前例的大浩劫。杭州书画社、西泠印社也在劫难逃。”回忆往事，时任杭州书画社主任吕国璋这样说。

1966年5月中旬，“文化大革命”开始。8月下旬，全国各地的红卫兵走上街头，张贴大字报，集会，发表演说，散发关于“破四旧”的传单，以前所未有的疯狂，横扫所谓的“四旧”，大规模地毁灭文化，形成了新中国文化史上最黑暗的年代。“学校的斗、批、改，发展到社会的斗、批、改。群众的革命洪流，正在荡涤着旧社会遗留下来的一切污泥浊水”（旷晨、潘良编著《我们的1960年代》第227页）。“破四旧”在全国迅速蔓延，几乎所有的传统文化及其艺术，一时间都成了“污泥浊水”，散存在民间的珍贵字画、书刊、器皿、饰物、古籍、名贵玉器等成了“革命”的对象。他们四处摧毁文物古迹，焚烧艺术品，冲击寺院、古墓，捣毁神像、文物，焚烧书画、戏装……犹如蝗虫过地，吞噬着所遇到的一切，许多传统文化艺术品都在“破四旧”的口号下毁于一旦。

“文革”时期毁坏的西泠印社碑刻

杭州的红卫兵造反派也不甘

示弱，从8月份开始，他们从校园走上街头，寻找“四旧”，乱砸一气。8月23日，平湖秋月碑被捣毁，虎跑泉的老虎塑像、净慈寺已成瓦砾，西泠桥旁的苏小小墓被扒平。岳庙里，身着紫袍金甲的岳飞坐像，也被套上绳索拉翻在地，岳坟被捣毁，秦桧塑像被毁坏。甚至扬言要“砸烂灵隐寺”……在破“四旧”的口号下，杭州呈现的也是一片肃杀之气。

在这样的背景下，文化艺术特征明显的杭州书画社自然不能幸免，具有艺术社团性质的西泠印社自然也不能幸免，它们都不可避免地遭受了同样的厄运。一日，一批红卫兵来杭州书画社造反，先是在杭州书画社门前游行示威，高呼口号，还在展览橱窗上贴上“砸烂封资修黑店”的大字报。还有一批人马从岳坟一路砸到孤山，把社址内的丁敬、邓石如石像砸成碎块。缶龛中的吴昌硕头像被扔到地上，小盘谷崖壁上的石刻被砸烂，后山石牌坊被拆除，部分匾额对联被盗，园林建筑也受到很大的毁坏。印社同仁几十年的心血，瞬间毁在铁锤之下。

说起“文革”初期孤山上发生的事，虽然过去了整整50年，年越八旬的著名书法篆刻家吴振华先生依然记忆犹新。他说：“1958年底，我经杭州市文学艺术联合会徐星平介绍由嘉兴艺校调来西泠印社孤山金石书画供应部，主要给顾客刻印兼营业员。1966年，红卫兵造反派

吴振华先生接受采访

几次到孤山造反，有浙江美术学院的，有杭州市美术公司的，还有杭州大学的，好几拨人来过好多次。一来就在山上乱喊一气，顺手就把能砸烂的砸烂，能推倒的推倒，嚣张得很。我到孤山已经有七八年了，大部分时间吃住都在山上，看见造反派胡作非为，心里很不是滋味。一来我在孤山久了有感情，看到他们损坏公物心痛，感觉这是在毁西泠印社的历史；二来我从事篆刻创作多年，知道山上的碑碣、楹联上金石文字的留存对印人的重要，如果这些东西都毁没了，印社的文化内涵就打折扣了。因而看着造反派搞破坏的行为，就想阻止他们，但又不能直接顶着硬干，我就想了个不是办法的'办法'——跟他们'软斗'。后来他们再来，我就举块领袖语录的牌子站着，我'根红苗正'，'苦大仇深'，人又年轻，他们拿我没办法，就说我是'疯子'，是'封建残余的遗老遗少'。见大家不跟他们站在一起造反，就骂西泠印社'毫无革命气息'。说那些不痛不痒的应付他们的职工，不是'真心革命'。我在夜间乘他们不在的时候，赶快把能卸下来的楹联匾额，放在自己睡的木板床下。我有个亲戚从合肥来，那段时间住在题襟馆，木板床下也藏着楹联木牌，那时山下有阮吉人等四五名职工，他们都暗暗支持我这样做，大家看在眼里急在心里，设法保护山上的物品，尽可能地减少毁坏。他们不敢碰写有领袖语录的标语，我就去买了些红纸，都写上领袖语录，弄一大桶浆糊，把山上山下的所有碑碣、建筑都被刷上标语，红彤彤的一片，就这样变相地保护起来。不过，我的这些行为也惹火了他们，他们很气恼，就想法整我，明里不敢下手，暗里要来抓我，我得到消息外出躲了五六天，等风头过了，才敢回来上班。那次要被他们弄去，少不了吃苦头。'文革'开始后的一段时间，杭州书画社领导、西泠印社领导大多靠边站了，有的被关起来反省，泥菩萨过河自身难保，自然谁也不敢来管这些了，那时就是我们这些职工默默地自觉尽力保护。"

杭州市文化系统还成立了"西泠印社专案组"，把民族优秀文化污蔑为"四旧"，专家学者被打成"牛鬼蛇神"，把艺术家诬蔑为"寄生虫"。连

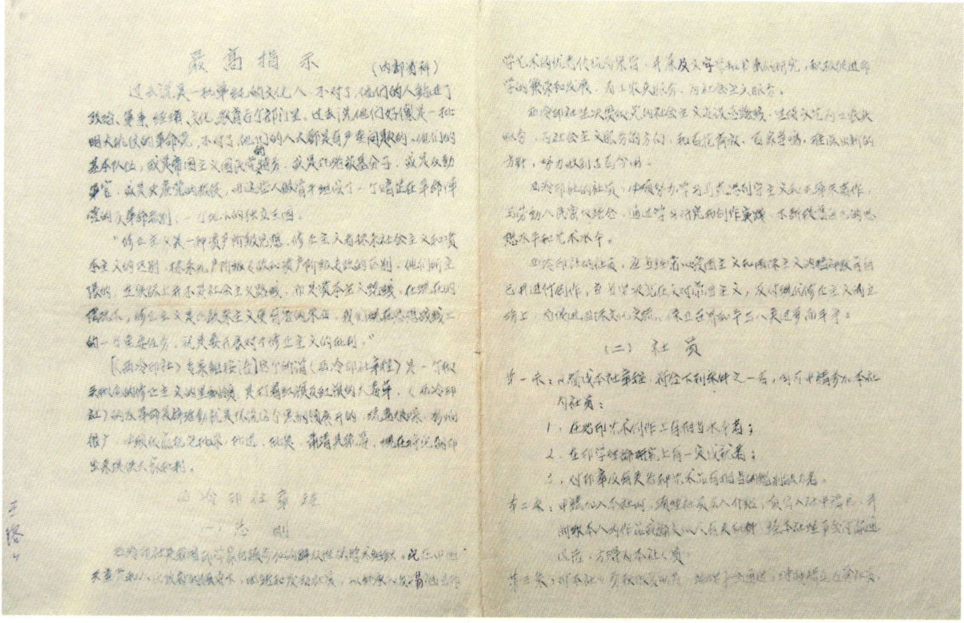
最高指示 （内部资料）

西泠印社章程

（一）总则

（二）社员

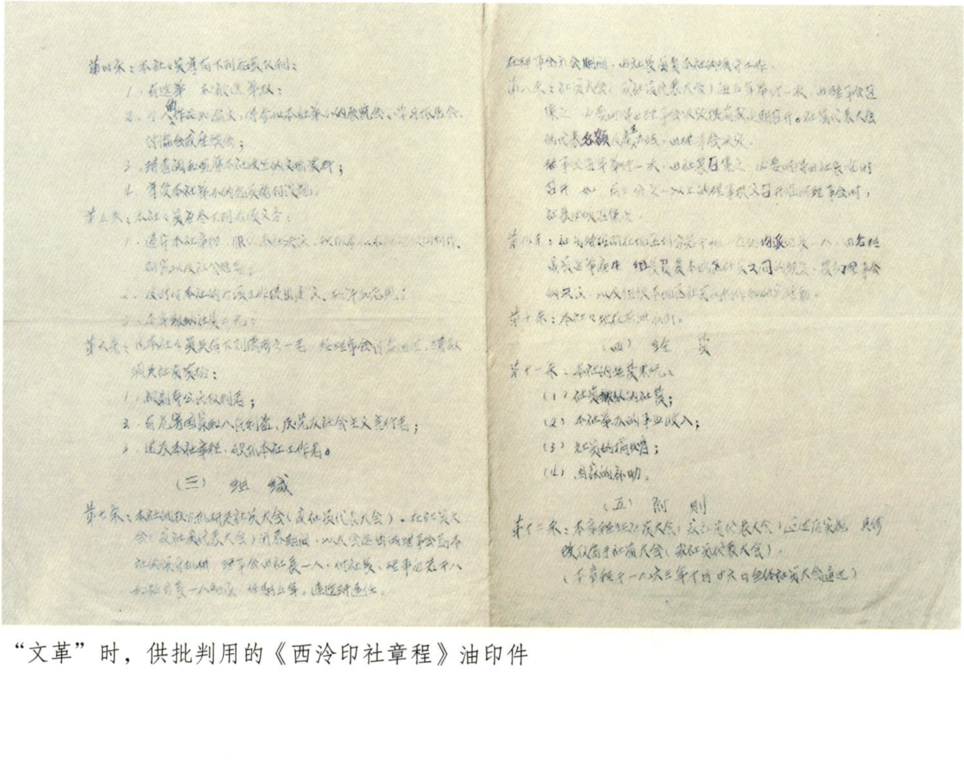
（三）组织

（四）经费

（五）附则

“文革”时，供批判用的《西泠印社章程》油印件

1963年社庆大会通过的《西泠印社章程》，也被认为这“是一个彻头彻尾的修正主义的黑纲领，是打着红旗反红旗的大毒草”，“西泠印社的反革命复辟活动就是围绕这个黑纲领展开的，流毒很深，影响很广，必须彻底把它批深批透，肃清其流毒”。因而把《西泠印社章程》作为“反革命复辟活动”的证据，拿出来批判。一些与西泠印社有关系的领导、专家学者也被关进“牛棚”，横遭批斗。而整个“西泠印社则被打成‘裴多菲俱乐部’、‘走资派和牛鬼蛇神的安乐窝’；那些支持和参加过西泠印社活动的从省、市、华东局直到中央的有关领导干部，全被扣上西泠印社的‘黑后台’、‘黑掌柜’等等的大帽子”。杭州书画社、西泠印社办公室主持工作的领导被“夺了权”，关进了“牛棚”，接受批斗。

西泠印社

西泠印社后山

更有甚者，在“斗、批、改”时期，杭州书画社（西泠印社）还差一点被“改掉”了。一天晚上，市文化局军代表带人到书画社来召开职工大会，准备把书画社“改”掉。他们宣布杭州书画社作为“封、资、修”单位，要予以撤销，营业部的人员、房屋划给市新华书店，裱画工场的人员、场地划归市美术公司。不过，这一决定甫一宣布，立即遭到全体职工的强烈反对，大家团结一致，奋力抵制，拒绝撤销决定，迫使肢解瓜分计划未能得逞，经过激烈的面对面斗争，终于保住了杭州书画社、西泠印社。试想，当时如果没有全体职工的顽强“抗命”，据理力争，或许杭州书画社、西泠印社的历史将会是另外一种结局。

西泠印社作为一种文化现象，已经存在60多年，它在艺术上显得强势，甚至无可匹敌，但它面对这场文化浩劫，却又是如此的羸弱和无奈。身处各地的社员面对这场突如其来的运动，措手不及，无所适从，艺术家们受到政治上的迫害和精神上的污辱，内心深处感到难以言状的恐惧，前所未有，个个心头上笼罩着不祥的阴影，旋即凝结成一种沉闷的氛围，压得人喘不过气来。因而在这场运动面前，人人自危，在劫难逃。

在这场灾难面前，散布在各地的社员的命运，可想而知，因为钟爱书画艺术，又身为西泠印社社员，几乎都能同“封、资、修”挂上号，受此牵连。他们在各自单位，有的被打成“牛鬼蛇神”、“反动学术权威”；有的被勒令反省，限制人身自由；有的甚至被迫害致死。挨批斗，进“牛棚”，被抄家，比比皆是。“他们的作品和藏品，被诬为‘毒草’、‘黑书’、‘黑画’。被查抄的查抄，被销毁的销毁。不少社员如潘天寿、傅抱石，沈尹默、罗尗子、童雪鸿、吴朴堂、秦康祥诸老，都惨死于‘四人帮’的魔掌，他们的作品也大量遭劫被毁。”（孙晓泉《西泠印社社员大会工作报告》）

西泠印社理事方介堪受尽非人的磨难、虐待，“尽管我父亲已经离世20多年了，但我在梦中，还时常听到他的咳声，看到‘文化大革命’时他衣衫褴褛，手击破盆，被人牵押着游斗的身影。”（因被污蔑为反动学术权威、文化特务）。至今谈到父亲，方广强仍是痛惜：才华横溢却命运坎坷的父亲……“文革”中被抄家七次，打断脊椎，受尽屈辱的父亲。尽管经历了很多苦难，然而我父亲生性豁达，外柔内刚，他常对我说“三军可夺，志不可减”。……病痛中把牛棚斗室名为“晚香堂”，暗喻“老九不臭我自香”。至今思来，不由含泪苦笑。回忆父亲方介堪，方广强依然唏嘘不已，虽然“文革”已结束许多年，深深地刻在他心上的伤痛还隐隐作疼。方介堪是温州市文化系统的重点批斗对象，脊椎骨被造反派打裂移位，医生还被威胁不准医治，从此腰背再也不能挺直，造成终身残疾。

20世纪50年代倡议复社的七君子都遭到不公正的对待。沙孟海数次被抄家，隔离审查；潘天寿是浙江美院第一批被揪斗的对象之一，吃的苦头最多，病中的他还被从杭州押回家乡海宁游斗，浑身布满伤痕和唾沫，受尽了凌辱；诸乐三被打成“反动学术权威”，在学院里卖饭菜票，后下放农村“接受贫下中农再教育”；韩登安被扣上“封建余孽”、“反动文人”等帽子，先是被抄家，红卫兵拿着“一份清单，指名点品要先生的全部手刻印存100多本，毛主席诗词印全部，刻刀全部20余柄，未刻印材、工具字书、前人印谱、少数近人字画、信件、日记等装箱运走，另有少数近人字画及四五百种旧的木刻水印笺纸、信封、金石拓本则付之一炬”。后隔离批斗，反反复复地写检讨，深挖思想根源，身陷困境；阮性山所藏字画、诗稿、折扇，几乎丧失殆尽；1963年已经病故的陈锡钧也未能幸免，先后被抄家达6次之多，所藏金石善本、名人画册、砚台、印章、玉器、瓷器等文物均被抄殆尽；1965年已经病故的社长张宗祥所藏图书同样被抄。

创社四君子的后裔也受到不公正的待遇。如1951年参与西泠印社捐献移交的创始人之一的叶为铭之子叶良本，虽然早已被单位“精简”在家，但作为“资产阶级分子”，此时也被红卫兵揪斗，把他家藏的两大捆名人字画卷轴扔

上海沈尹默故居

进火堆化为灰烬。红卫兵还嫌不够，连续三次查抄叶家。

那些价值不菲的艺术品，不仅造反派来毁，因为恐惧，艺术家有时候自己也得想法子去毁。有一个流传很广的典型事例：上海社员沈尹默是著名书法家，周恩来总理任命的中央文史馆副馆长，名满天下。“文革”时期，他担心其收藏的“反动书画”累及家人，老泪纵横地将毕生积累的自己的作品，以及明、清大书法家的真迹一一撕成碎片，在洗脚盆里泡成纸浆，再捏成纸团，放进菜篮，让儿子在夜深人静时带出家门，倒进苏州河。在人人自危、人人揭发检举的年代，这样无奈的举动，恐怕不止一例。

这些，仅仅是那场浩劫中西泠印社社员蒙难的一二片断。

第二章　逆境图存

从社内到社外，“文革”这场灾难让西泠印社遭受到暴风骤雨般的冲击，伤痕累累。既便在这样动乱的环境中，杭州书画社职工克服干扰，仍然坚持上下班，坚守工作岗位，千方百计寻找货源，想方设法保障供应，天天营业，从未间断。正是这样的坚持，使得杭州书画社的招牌不倒，成为非常时期的杭城的一道文化风景。

客观地说，西泠印社在杭州书画社的体制内运转，它为西泠印社提供了经济保障和日常管理，而这种依托则让杭州书画社更显品牌优势，使得二者成为关系紧密的共同体，不分彼此。另外，从文化层面和业务范围上讲，二者所从事的活动有较多的相似之处，形式、内涵、对象相仿，活动因任务、对象而定，时分时合，仅仅是称谓不同。因而在一定程度上，在“文革”这个特殊年代里，西泠印社不能出面的事，只能由书画社出面，杭州书画社代行了西泠印社的社会功能，仅仅是对外使用的名称不同。在许多人眼中，杭州书画社就是

葛岭山怀中的静逸别墅，西泠印社藏品在这里度藏40年。

西泠印社，西泠印社就是杭州书画社。换句话说，西泠印社之所以能够挺过“文革”这段艰难时期，正是因为有杭州书画社作它存在的经济支撑和管理依托。

“文化大革命”初期，为了阻止发生更大的损坏，保护字画藏品，杭州书画社领导组织员工用“自我革命”的办法，在湖滨门市部先公开地撕毁“一些无价值的烂字画”，以阻挡红卫兵造反派进入库房毁坏文物，从而保护了一大批古旧字画、印谱。同时又动员职工将社址中有价值的石刻如仰贤亭内的石碑、墙外吴昌硕书《西泠印社记》、王福庵书《西泠印社记》等一批刻石用石灰掩盖，有的封入墙内。部分亭阁关闭门窗，贴上封条。经过种种努力，阻止了更大程度的破坏，保护了文物和社址。

杭州书画社对地处葛岭的西泠印社库存藏品的长久保护更是用心，此后的许多年，为了保护藏品起见，从不对外公开文物库房的地址和藏品数量，更不主动作公开宣传报道，一般人很难知道它的所在及信息，社里职工也不会轻易谈及它，这里俨然一处“保密单位”。藏品库房内不允许拍照与摄影，所以现在很难寻找到它以往的影像资料。然而，正是它的“默默无闻”，在那个斯文扫地的动荡年代，它几乎未受到外界“摧枯拉朽”式的冲击和干扰，才得以逃过一劫，保存下数目可观的“旧物”，库藏的书画、印章、印谱和其他文物资料，基本上都完好无损，幸运地保存了下来。

在之后的四五年里，杭州书画社领导被“夺权”靠边站，每日或在裱画工场、或在门市部参加劳动，无法参与管理，职工们则以“坚持营业，坚持生产”，以实际行动，支持它的存在。同样，在之后的较长时间里，西泠印社办公室除库房文物管理外，无法开展学术研究、艺术创作活动，多数职工陆续转调其他工作岗位。

“文革”喧闹的最初几年，西泠印社的处境倍受煎熬，直到20世纪70年代初期，情况才渐渐有了新的转机。

1969年5月，原杭州书画社领导逐步恢复工作，被结合进工作班子。1971年2月，杭州书画社革命领导小组成立，原杭州书画社主要领导重新回到领导岗位，主持日常工作，同时也配备增加了新的领导。他们带领职工齐心协力大抓企业经营，开动脑筋，拓展经营门路，生产形势逐渐好转，经济状况开始发生向好的变化。

复出后的杭州书画社领导最初瞄准的是出版业。

1964年，根据60周年社庆大会的决定，西泠印社出版《吴昌硕印略》（据陈介祺《伏庐藏印》3集本），当时还准备陆续选编出版一些印谱及印学书籍，藉以介绍不同流派的篆刻艺术。但由于受社会文化大环境的限制和影响，仅在1965年8月出版一册《西泠四家印谱》后就停止了。直到1969年8月，根据宣传毛泽东思想和群众学写毛笔字的需要，杭州书画社与浙江工农兵画报社联

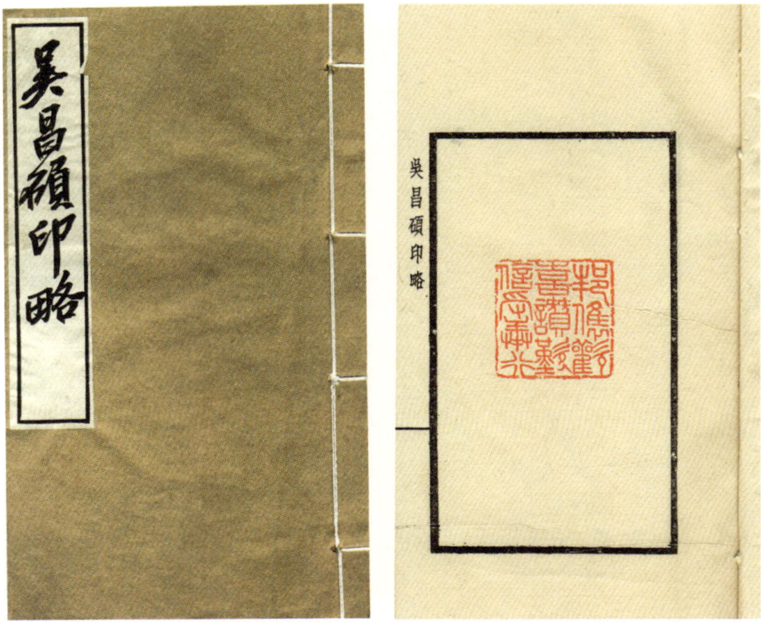

西泠印社版《吴昌硕印略》

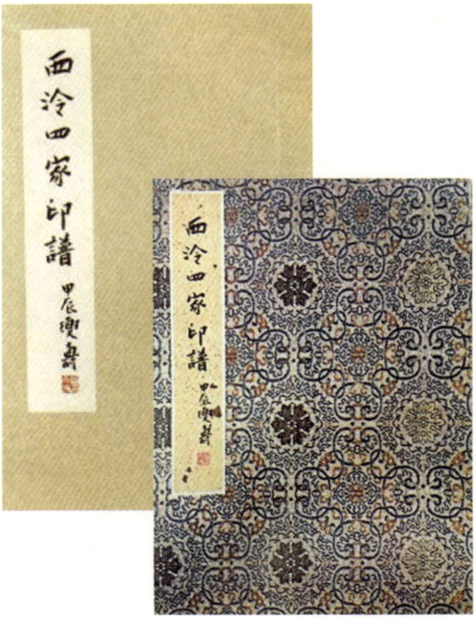

1965年《西泠四家印谱》出版，由潘天寿题签,张宗祥题扉，1979年3月重版。

毛主席诗词行书字帖

★

浙江工农兵画报社出版

（杭州南山路九十八号）

浙江新华印刷厂印刷

杭州书画社发行

★

1969年8月第一版第一次印刷

印数：1—100,000

编号：69—31 定价：0.32

杭州书画社发行版《毛主席诗词行书帖》封面

合编辑出版《毛主席诗词行书帖》，首印10万册发行，深受广大群众的喜爱和欢迎，成为学写毛笔字的范本。所以说，杭州书画社（西泠印社）在出版方面有一定的基础和社会影响。

在文化艺术作品匮乏，群众文化生活极端枯燥单调的年代，广大群众对文化生活的需求十分迫切。1970年前后，杭州书画社门前自发的形成一个群众交换年历片场所，每天都有三五成群的人来这里寻找与众不同的年历片，或交换或购买。杭州书画社根据群众文化生活的需要，1970年投入人力物力，成立了美术编辑组，首先全力组织广大人民群众最喜欢的年历卡的生产。他们克服种种困难，组织资料、采集纸张、联系印刷，短短数年先后印制了以“革命样板戏”、“革命圣地”以及祖国风貌、国画、儿童动画、花卉摄影为题材的年历片数十套，受到群众的热烈欢迎。每次年历片发行之时，许多群众闻讯漏夜排队购买，熙熙攘攘一片。杭州书画社的产品不仅在本地销售极好，而且远销全

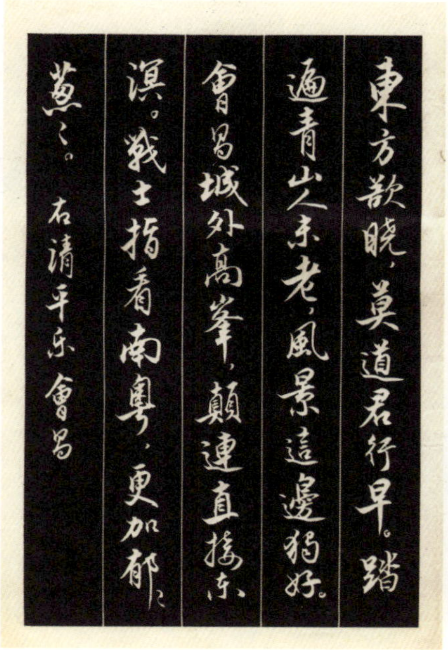
東方欲曉，莫道君行早。踏
遍青山人未老，風景這邊獨好。
會昌城外高峰，顛連直接東
溟。戰士指看南粵，更加郁郁
葱葱。 右清平乐 會昌

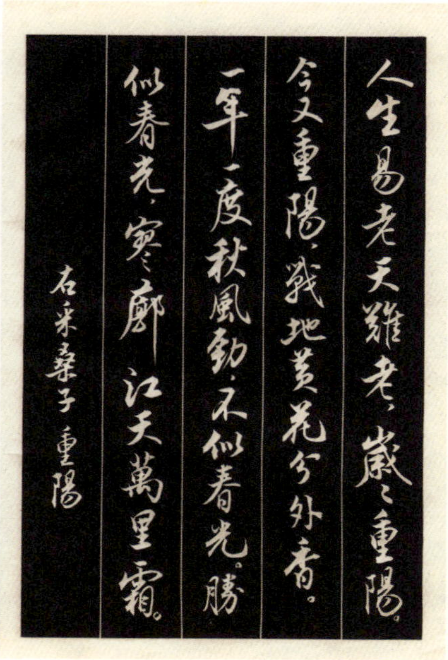
人生易老天難老，歲歲重陽。
今又重陽，戰地黃花分外香。
一年一度秋風勁，不似春光。勝
似春光，寥廓江天萬里霜。
右采桑子 重陽

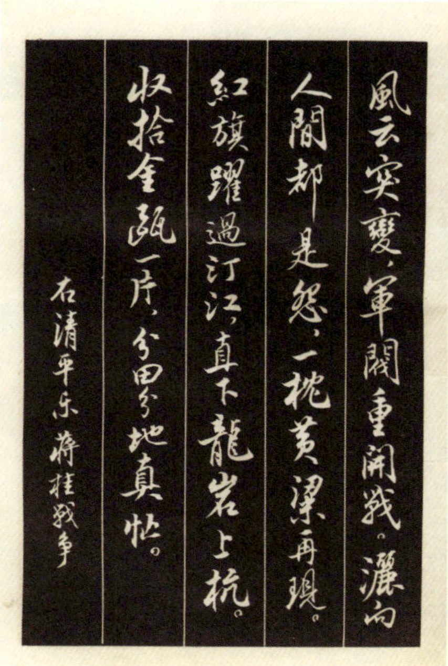
風云突變，軍閥重開戰。灑向
人間都是怨，一枕黃粱再現。
紅旗躍過汀江，直下龍岩上杭。
收拾金甌一片，分田分地真忙。
右清平乐 蒋桂战争

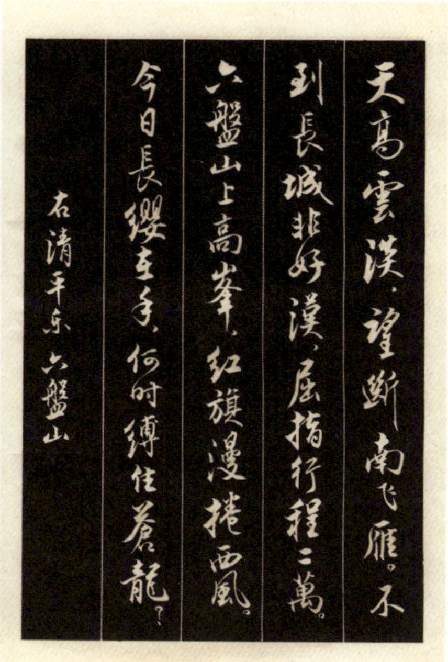
天高雲淡，望斷南飛雁。不
到長城非好漢，屈指行程二萬。
六盤山上高峰，紅旗漫捲西風。
今日長纓在手，何時縛住蒼龍？
右清平乐 六盤山

杭州书画社发行版《毛主席诗词行书帖》内页选

杭州书画社1971年至1978年出版的部分年历片

1975

1975

1977
杭州书画社

学文
XUEWEN

1977
杭州书画社

东北虎

1978

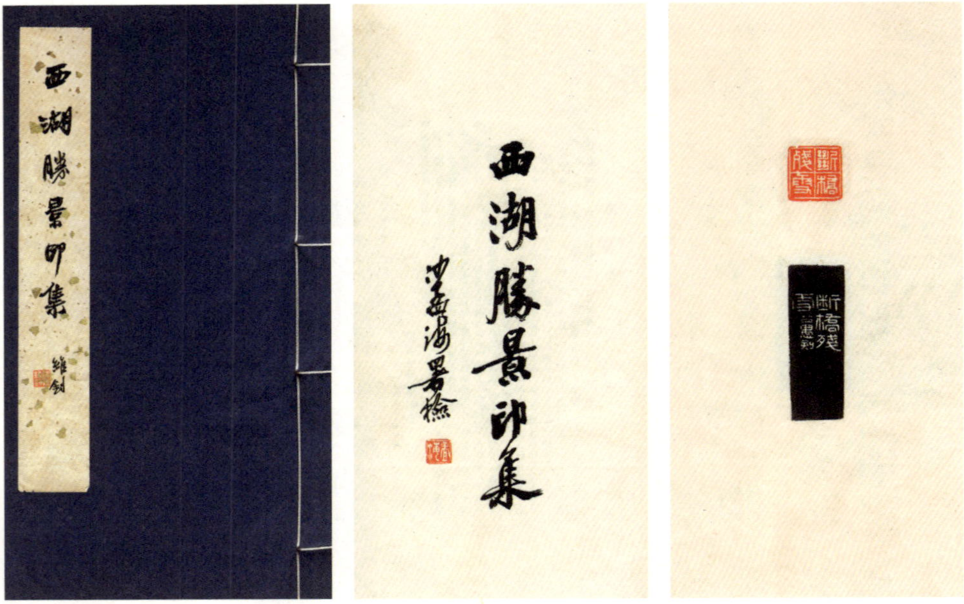

《西湖胜景印集》

国，供不应求。

杭州书画社一边向国家出版局申请出版权，一边克服困难，积极开展出版活动。1976年10月，编辑出版郁重今篆刻的《鲁迅笔名印谱》手拓本650部，收录165个鲁迅笔名。这是“文革”后西泠印社第一次向外发行手拓出版物，全部销售一空。1977年7月，以西泠印社的名义编辑出版了《历代印章简编》500本，收录508方从战国到近现代印章。这是“文革”后西泠印社利用自己的印刷厂第一次印刷出版印谱，因为没有出版权，只能作为内部参考资料，不能公开发行。但因资料内容丰富，深受金石爱好者欢迎，一面世即告罄。1978年初，组织生产手拓本《西湖胜迹印集》200册，收录60方庆祝建社60周年全国各地篆刻名家创作的西湖名胜景观印，同样广受社会欢迎，供不应求。

出版、培训工作卓有成效的开展，也带动了文化用品的营销，增加了经营收入。为保障市场供应，满足不同层次的书画爱好者的需求，杭州书画社想方设法巩固常规业务，不断拓宽与生产厂家建立进货渠道联系，保证纸墨笔砚、

《鲁迅笔名印谱》

《革命胜迹印谱》

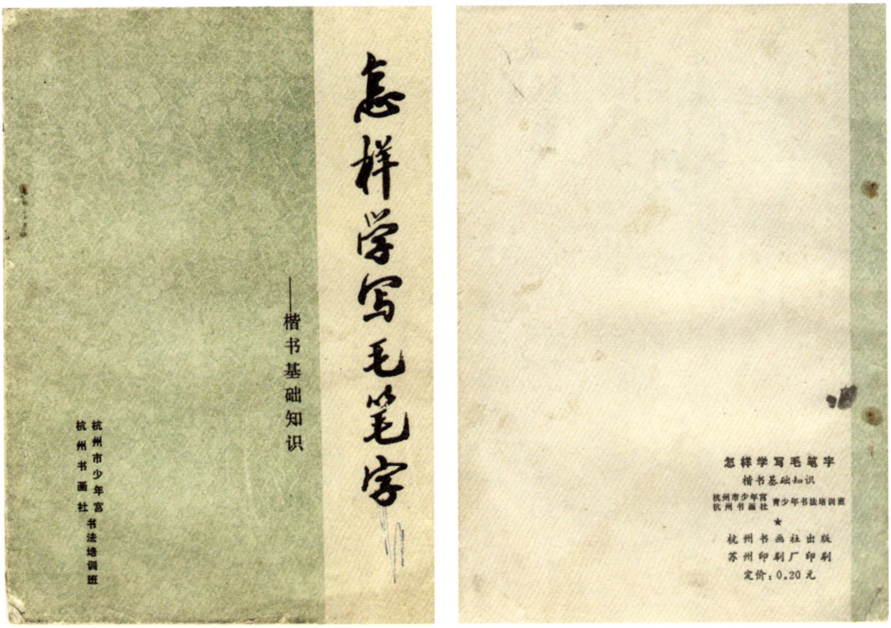

杭州书画社、杭州市少年宫联合出版《怎么学写毛笔字》

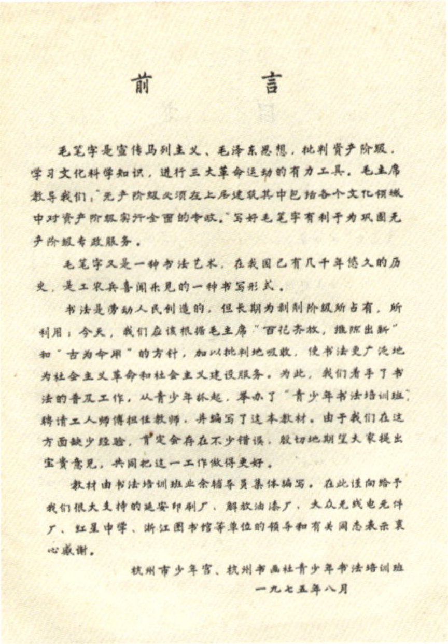

前　　言

毛笔字是宣传马列主义、毛泽东思想，批判资产阶级，学习文化科学知识，进行三大革命运动的有力工具。毛主席教导我们："无产阶级必须在上层建筑其中包括各个文化领域中对资产阶级实行全面的专政。"写好毛笔字有利于为巩固无产阶级专政服务。

毛笔字又是一种书法艺术，在我国已有几千年悠久的历史，是工农兵喜闻乐见的一种书写形式。

书法是劳动人民创造的，但长期为剥削阶级所占有，所利用；今天，我们应该根据毛主席"百花齐放，推陈出新"和"古为今用"的方针，加以批判地吸收，使书法更广泛地为社会主义革命和社会主义建设服务。为此，我们着手了书法的普及工作，从青少年抓起，举办了"青少年书法培训班"，聘请工人师傅担任教师，并编写了这本教材。由于我们在这方面缺少经验，肯定会存在不少错误，殷切地期望大家提出宝贵意见，共同把这一工作做得更好。

教材由书法培训班业余辅导员集体编写。在此谨向给予我们很大支持的延安印刷厂、解放油漆厂、大众无线电元件厂、红星中学、浙江图书馆等单位的领导和有关同志表示衷心感谢。

杭州市少年宫、杭州书画社青少年书法培训班

一九七五年八月

《怎么学写毛笔字》前言

印石等用品的供应，不断发展成为在杭州市民中信誉度很高的书画文化用品单位，即使在全国也有较高的知名度。

连续几年的年历片出版业务，成为杭州书画社创收增收的主打产品，也带动了其他产品的营销，奠定了丰厚的经济基础，为改善职工生活、支持西泠印社事业发展，创造了

杭州书画社与杭州市少年宫联合举办青少年书法展（图引《西泠印社》第11期）

有利的经济条件，也给全社鼓起了干劲，凝聚了人心。

1977年3月，杭州书画社在劳动路孔庙筹备建立西泠印刷厂，以适应出版事业的活跃和未来发展的需要。西泠印刷厂以四台非常原始简陋的手工圆盘机起家，艰苦创业，不断发展壮大。西泠印社编辑的《历代印章简编》即从西泠印刷厂问世。

从1973年起，杭州书画社与杭州市少年宫联合举办“青少年书法培训班”，传授书法艺术，先后举办了6起，每期培养学员约80余名，培养了近500名小书法能手，孩子们接受书法教育进步较快，还举办了少儿书法展览，经常有外宾前去参观，他们的作品还多次作为礼品送给日本朋友，获得日本同道的好评。1975年8月，与杭州市少年宫联合出版发行《怎么学写毛笔字》，有力地推动了培训活动的开展。后来，杭州书画社又再版印制了《吴昌硕印略》等专业书，给书法篆刻爱好者提供帮助。在省内外出版单位少，图书出版不正常，书法篆刻爱好者几乎无专业书可买的情况下，杭州书画社图书的出版发行，受到广大书法篆刻爱好者的普遍欢迎。通过组织这些活动，既促进了杭城金石书画的发展和艺术创作的繁荣，又扩大了西泠印社的社会影响力。并以此为纽带，逐渐围绕西泠印社建立一支经常性的篆刻书法队伍。

1973年日本书道代表团来访

杭州书画社利用自己的宣传阵地，发挥展厅的功能作用，十多年间举行书画篆刻创作和作品展览共达百次以上，其中，在粉碎“四人帮”后的头一年里，达18次之多。有时还远赴山西、河南举办联展，有的作品还选送到日本参展，通过展览推动书画篆刻创作的开展，把业余书法篆刻工作者组织起来，形成了一支经常性的队伍。平时还不定期地举行学术报告、经验交流、作品观摩、参观学习等研究活动。

1972年2月，美国总统尼克松访华；紧接着这年9月，日本首相田中角荣访华。这两次国家重大外事活动，也给西泠印社带来了一次重新亮相世界的机遇。杭州市将西泠印社社址环境及主要建筑物被列入环境大整治的范围，使得社址环境面貌有了初步改观，尔后西泠印社社址又被列为杭州市重点涉外单位，允许海外客人公开参观游览。由此，以西泠印社名义的对外文化交流活动开始恢复。

中日两国艺术家进行书法交流，陆维钊教授挥毫创作。

1973年日本著名书法家青山杉雨访问印社

1973年11月，应中国文化部邀请，由前众议院议长中村梅吉为团长、日本书道艺术院理事长香川峰云为副团长的“日本书道代表团”来访，代表团中有饭岛春敬、青山杉雨、金子欧亭、村上三岛、梅舒适等日本一流的书法家。他们先在北京中山公园与著名书法家赵朴初及中国书法家代表团举行书法艺术交流。尔后南下访问南京、苏州、上海等多座城市。这是“文革”开始后第一个由日本政府派出访华的书道代表团，也是在特殊的年代、特殊的环境下的中日书法界一次高规格、高水平的聚会。这次访问交流，为以后日本篆刻家、书法家的来访建立起新的纽带，加深了两国相互交流的愿景。

是年11月下旬，日本书道代表团一行到达杭州访问西泠印社，受到热情接待，并在题襟馆与著名书法家沙孟海、陆维钊等先生进行了友好的座谈和交流。此后，来西泠印社参观访问的外国友人不断增加，西泠印社与海外书法篆刻界的国际文化交流也逐渐增多，进而成为杭州对外文化艺术交流活动的重点场所之一。

自此，从1973年以来，杭州书画社（西泠印社）先后接待40余批来自日本、东南亚和欧美其他国家的政府议会、书法、艺术、出版、考古等各方面的访华代表团，特别是日本书法代表团来访最多，其中日本篆刻家、书法家梅舒适四次来访。每次访问团到来，双方都举行座谈交流，即席挥毫，进行书画篆刻交流活动，相互切磋翰墨之技，增进友谊。这些活动，对印学的传播、交流、弘扬起到了不可低估的作用。

为了更好地适应群众游览和开展国际文化交流的需要，杭州书画社积极筹资计划恢复景点，接待国内外友人。随着外事活动的增多，西泠印社孤山原有的门市部店面就显得太小，不能适应广大外宾对文化用品尤其是名贵石章、名

宝印山房

宝印山房外景

家书画的需求。为满足国内外宾客需求，扩大对外金石书画及文化用品经营，1974年，杭州书画社抓住机遇，筹措资金，邀请著名建筑专家吴寅设计，在“宝印山房”和“福连精舍”的废墟处，原地复建一座较大的建筑，并配以曲廊与“仰贤亭”连接，延名“宝印山房”，辟为西泠印社外宾接待室，承担外宾接待及艺术交流，供应金石书画及文房用品，大大增加了经济收入，成为杭州对外文化艺术交往的一扇窗口。

90高龄的西泠印社名誉副社长吕国璋提起当年，神采奕奕，如数家珍，娓娓而谈。他说：“20世纪70年代初，‘砸烂封资修，打倒走资派’以及‘文斗武斗’等动乱基本停止，全国政治形势有所变化，被打倒的‘干部’逐步‘复出结合’，形势有所好转。杭州书画社（西泠印社）领导、干部根据广大群众对文化、书画的迫切需要，抓了两件大事：一是大力创办书画出版业务；二是团结‘职工’书画家开展书画篆刻创作交流、教育工作。一直持续至‘文革’

西泠印社名誉副社长吕国璋与作者交谈

后，到建社75周年大会召开，两方面工作取得了很好的成绩。”

“就书画方面来说，我们首先联系省市‘职工’书画家，同时关心、照顾老一辈大家名人，形成自己的‘队伍’，不定期组织他们学习、讨论、创作，结合重大纪念日，举办建国、建党、学习毛泽东思想等书法、篆刻展览，编写《怎样写毛笔字》教材。还特别关心青少年书法人材教育培养，与少年宫合办‘书法班’，其中有些人后来成了‘名家’，这也应该说是秉承了西泠印社的宗旨。在‘文革’后期，还邀请老一辈书画家参加展览，举行讲课，特别是邀请沙孟海、陆维钊等大家参加中日书法交流、学术研讨。这在当时的政治条件下，是‘贯彻文艺为社会主义服务，为宣传毛泽东思想服务’。那时候我们还请沙孟海先生来书画社裱画工场给职工讲书法课，沙先生讲的认真，职工们学的也认真，自觉学习的氛围很好。就印社而言，这也是我们贯彻印社宗旨办的实事，为‘研究印学’服务。”

1977年8月，中国共产党第十一次全国代表大会正式宣布“文化大革命”结束，国家的前途命运翻开了历史性的一页。

从1966年至“文化大革命”结束，在这段非常时期，杭州书画社（西泠印社）以它特有的品质和精神，经受磨难，顶住压力，不言放弃。在“以文养文”抓好经营，保护文物古迹和文物藏品，坚持开展金石书画艺术的宣传和实践，在青少年中培养艺术人才，拓展对外文化艺术交流等方面，竭尽全力地做了大量的工作。

中篇　东风浩荡

经过十年磨难，生离死别的折磨，（西泠印社的艺术家们）还能有幸再次相聚，重现艺术人生的希望。这些使大家感叹万千，激动不已。有的甚至老泪纵横，不能自主。老人们在欢庆印社恢复，共商发展大计时兴奋异常、激情满怀。雅集笔会上更是笔歌墨舞一片欢腾景象。

——原西泠印社办公室主任吕国璋说

第三章　沐浴春风

1978年12月18日，中共十一届三中全会在北京举行。全会确定了解放思想、开动脑筋、实事求是、团结一致向前看的指导方针，决定把全党工作的重点和中国人民的注意力转移到社会主义现代化建设上来，实行改革开放的历史性决策。12月22日全会闭幕，这一天是冬至，却是新中国改革开放的“立春”。阴霾浓重的天空渐渐明朗起来，中华大地结束了漫长的闹腾，开始冷静的思考，人们看到了未来的希望。杭州书画社（西泠印社）踏着时代的节奏，阔步向前。

1978年3月，杭州书画社“革命领导小组”撤销，恢复杭州书画社名称，正、副组长改称正、副主任，实行主任负责制。“文革”的结束，犹如春风吹来，杭州书画社（西泠印社）开启了一个新的时期，摆脱束缚，甩开手脚，走上发展扩张的快车道。

在全国解放思想，改革开放，社会经济蓬勃发展的大好形势下，杭州书画社（西泠印社）领导与全体职工下定决心为“全面恢复发展西泠印社的光荣传统”而努力，决定修复印社景观，建立出版部，建立印泥制作组，建立印谱制作组，建立熟宣加工组等等，初步建立具有“西泠”特色的基础性产业。

为了适应全面大发展的需要，1978年杭州书画社面向社会大招工40余人，职工人数增加近一倍，招工范围包括图书编辑、出版、发行、印刷、字画装裱、古董鉴定、刻印、印泥制作、拓碑、熟宣加工、文物修复诸多方面。新职工被分配到本社或兄弟单位接受业务培训，不断掌握业务技能，在实践中增长才干。这些新鲜血液的加入，为杭州书画社的发展增添了潜力和活力，有力的促进了日益提升的经营业务的顺利开展和发展目标的实现。这些年轻人后来大部分或成为西泠印社各个部门的领导，或为造诣颇高的艺术骨干。杭州书画社通过对所属企业进行充实、提高和加强，不断扩建新的部门，全方位地提高了整体实力和市场竞争能力，以及社会影响力。

在恢复社址景观、建筑方面，着手清除石碑、壁刻上的保护层，重新向游客展露本来面目。原有保存完好的木制楹联再度悬挂面世，部分因年久潮湿，虫蛀腐烂毁坏的，由社中大家重新书写，聘请名匠镌刻。同时也重新创作了一些楹联镌刻悬挂。杭州书画社又出资再度修葺宝印山房，进一步充实西泠印社外宾门市部的室内外景观布置和金石书画、文房用品供应，更好地服务海内外宾客。1979年开挖疏浚柏堂前填埋26年之久的古迹“莲池”（又名莲泉、小方壶），池置奇石假山，更富庭院韵味。

杭州书画社充分利用孤山社址的印文化内涵，弘扬西泠印社的传统艺术，搞好接待外宾的篆刻服务，突出印坛重镇的文化特色。邀请金石篆刻名家加盟，建立刻印组和印谱制作组，由他们挑选专业基础较好的青年员工，进行篆刻技能和印谱制作技术培训。经过多年的业务培训和锻炼，这批新人的篆刻艺术水平和制谱技术提高很快，完全适应为外宾刻印和制作印谱的服务要求，既为印社对外经营拓展了新渠道，增加了新效益，更为西泠印社培养了一批篆刻

月形门

还朴精舍

规印崖

小莲池

艺术骨干，他们中的大多数也成为了日后的“西泠名家”。

1978年4月17日，国家出版事业管理局批准西泠印社为正式出版单位，出版业务范围为金石篆刻、书法、年画、挂历、绘画及相关理论专著和技法图书。这是继浙江人民出版社之后，浙江省第二家经国家出版事业管理局批准成立的出版单位，也是浙江省四家专业美术类出版社之一。杭州书画社随即调集专业干部组成编辑部，分别负责画册、字帖、印谱、年历等的编辑出版工作。西泠印社获得出版权后出版的第一本书是《革命胜迹印谱》，一函五册，收录44位名家篆刻203方，向建国30周年献礼。该书由时任全国人大常委会委员长叶剑英元帅题签，新华社向国内外播发电讯稿，全国各大报纸均报道这一消息，成为轰动一时的一次出版活动，影响广远。后来又应全国各大图书馆的要求，出版500部手拓本以供收藏。由此，编辑部利用社有藏品资源优势和社会资源，不断扩大图书出版。在人们求知若渴，一书难求的年代里，西泠印社出版的金石书画类图书供不应求，广受读者好评。年画、挂历的出版发行也处于巅峰时期，西泠印社出版了许多以花鸟、山水、风景等题材的挂历，集艺术性、知识性、观赏性、趣味性、实用性于一身，深受消费者的喜爱，成为主要的经济创收来源。

经过不断加强领导，充实培养专业编辑人员和出版发行人员，建设一支高水平的编辑队伍，高质量的印刷系统和高效益的发行网络。所出书刊品种不断丰富，质量品位不断提高，赢得社会好评。西泠印社在全国出版行业中已颇有名声。出版盈利年年超额，居全社各部门之首，成为杭州书画社的主要支柱产业，也是日后西泠印社的主要支柱产业。

杭州书画社又组建了印泥制作工场，恢复西泠印泥的生产。西泠印泥的生产由来已久，业界很有影响，曾同漳州八宝印泥、上海潜泉印泥、苏州姜思序堂印泥一起被誉为国内四家著名印泥。后来因社会的原因而停止制作。1956年，浙江省图书馆馆长张宗祥提议恢复西泠印社时，就曾提出恢复西泠印泥的制作，以“俾友邦人士游西湖者，可随意购买”。

1957年冬，浙江省文化局在孤山试办西泠印社金石书画门市部时，曾由社员韩登安及其弟韩君左主持恢复生产过一段时间的西泠印泥，分四种规格，并考虑做外贸出口，不久因变更管理部门而戛然而止。1962年冬，恢复西泠印社筹委会主任张宗祥再次提出要恢复西泠印泥。建社60周年庆典大会把恢复西泠印泥的生产作为一项任务，写进印社发展五年规划，但因形势变化未能落实。此后采用委托社员韩君左夫妇加工的办法，以“西泠印泥”的名义标牌供应市场。围绕西泠印泥的恢复生产，可谓一波三折。

改革开放后，杭州书画社下决心成立印泥工场，组织人力物力开发研制，恢复西泠印泥的生产。为掌握印泥制作技术，先后多次派人向制泥师傅和到兄弟单位学习，又多次赴原材料产地寻找高质量的艾绒、颜料，并建立长期的供应关系。印泥工场的职工经过无数次反复试验，攻坚克难，终于解决了油料浓缩等问题，在技术上获得了重大突破，研制出了属于西泠印社自己的“西泠印泥”。新产品立即受到市场的热捧，畅销海内外。印泥生产不仅恢复了西泠印社的传统产品，也恢复了“西泠印泥”的往日声誉，实现了西泠印社前贤长久

西泠印泥

的夙愿。同时，也为杭州书画社的产业经济扩大了经营途径，增添了新的创收渠道，增加了可观的经济效益。

从某些层面上说，杭州书画社与西泠印社，二者相辅相成，共同书写了辉煌，杭州书画社是西泠印社在特殊年代的经济依靠和不断发展壮大的“孵化器”，西泠印社在这个过程中，则以名声和影响，担当了重要的品牌角色。

1979年是杭州书画社（西泠印社）历史上异常繁忙的一年，马不停蹄地迎来了五件大事：创办《西泠艺丛》，西泠印社独立建制，筹建西泠书画院，建设文物大楼，以自有经费支持顺利举办西泠印社建社75周年庆典。

一、创办《西泠艺丛》。1979年2月，西泠印社创办第一本刊物《西泠艺丛》首期发行，这也是改革开放后最早出版的篆刻书画专业刊物之一。由西泠印社书画篆刻名家丁茂鲁负责，辟有名家作品介绍、社藏印谱介绍、专家评论、篆刻来稿选登等专栏。《西泠艺丛》为季刊，首期印行3万册，彩色印刷。“万紫千红，争妍斗艳，这是西湖的春天，也是文艺的春天。文艺的春天比西湖的春天更鲜艳。”该刊首期《编者的话》向社会强调“《西泠艺丛》是一本研究金石书画，繁荣创作的综合性艺术刊物。它以篆刻为主，兼收书法、绘画作品；古今并蓄，古为今用。”热切希望新老艺术家们，“进一步解放思想，充分发挥独创精神”，“在艺术上继承传统，而不因袭前人，敢于探索和创新，敢于超越前人，攀登新的峰巅，创作出更多更好的无愧于我们伟大时代的优秀作品。”“让金石书画艺术更加云蒸霞蔚，气象万千。”在新的时代背景下，它的办刊观点和方针，既遵循西泠印社的办社宗旨，又顺应改革开放大势，对于搭建学术研究和交流平台，推动当代书画篆刻的传承与创新，具有较强的指导意义。《西泠艺丛》以它丰富的内容、严谨的学术态度和质量，在艺术界、学术界很有影响。

二、西泠印社独立建制。1979年9月，鉴于西泠印社在国内外的重大影响和发展潜力，杭州市文化局建议，杭州市革命委员会批准，“同意撤销杭州书

《西泠艺丛》创刊号

画社建制，将原杭州书画社调作为西泠印社门市部，将原杭州书画社领导的西泠印社、杭州文物商店及西泠印刷厂划出，分别实行独立核算，经费自收自支。西泠印社、杭州文物商店由市文化局直接领导，西泠印刷厂由市文联领导。”由此，西泠印社行政体制发生重大变化。西泠印社直属杭州市文化局，全民所有制性质，事业编制企业化管理模式，自收自支，自负盈亏，管理领导原杭州书画社所辖部门。（为了落实具体担当这一责任和区别传统意义上的西泠印社，实际操作上由西泠印社办公室代行职责，全面负责协调各项事业、企业工作和行使日常行政管理职能。）

将整个单位调整定名为“西泠印社”，从体制上注入了新的发展活力。这次体制变革，顺应了时代的呼声和西泠印社发展图强的意愿，为西泠印社今后的发展带来了良好地契机和更广阔地空间。全社干部群众欢欣鼓舞，上下一致决心全面振兴西泠印社，把它建设成不仅可以继承历史上的光荣传统，而且可以与北京“荣宝斋”、上海“朵云轩”相媲美的全国大型的文化企业单位。

三、筹建西泠书画院。1979年之前杭州没有一家画院，书画家开展有组织的活动不方便，杭州市文化局要求建立一个画院把他们组织起来，但又缺乏资

西泠书画院成立大会合影

金和场地。于是决定由西泠印社办公室负责筹办，既可以利用现有场地（孤山社址和湖滨展厅），又可以把“许多书画造诣颇深，而又不专事篆刻印学艺术家”团结起来，契合西泠印社“兼及书画”的宗旨补充，可以多视角宣传民族传统艺术，促进内外文化交流。1979年10月，杭州市文化局申报筹办西泠书画院，12月25日杭州市革命委员会批文挂牌成立，强调西泠书画院与西泠印社办公室合署办公，实行“一套班子两块牌子”机制，日常工作由西泠印社办公室负责。由沙孟海担任院长，孙晓泉、诸乐三任副院长，首批49名著名艺术家为特聘书画师。

四、建设文物大楼。丰厚的经济效益，带来了大变化。为适应自身发展，杭州书画社（西泠印社）这一年利用创收资金建起了一座五层文物大楼，统筹解决了出版社和文物商店的办公、营业、仓库用房。

五、以自有资金承办社庆活动。1979年12月，西泠印社建社75周年社员大会在杭州召开，杭州书画社（西泠印社）以自有经费支持大会的顺利举办，充

1979年4月日本书法家来访

分显示西泠印社的综合实力和旺盛的发展潜力。

在对外文化艺术交流方面，西泠印社先后接待多批海外访问团。1978年4月，师村妙石率领的“西日本金石研究友好访问团”首次来访。1979年4月，日本读卖新闻社社长小林与三次等人率领的访问团和梅舒适、村上三岛等率领的大阪书道家友好访问团70余人专程访问印社。1979年10月，日本岐阜市市长莳田浩为团长的政府代表团来访。西泠印社与海内外的文化交流日渐增多。

从“文革”结束到建社75周年纪念大会召开，杭州书画社（西泠印社）乘改革开放的东风，如鱼得水，事业蒸蒸日上，突飞猛进，社会效益和经济效益都有长足的进步，迎来了高速发展时期。逐步发展成拥有出版社、印刷厂、湖滨书画社门市部、孤山外宾门市部、裱画工场、杭州文物商店六大部门的经济实体。还先后建立了印泥工场、篆刻创作组、拓制印谱组、拓碑组、熟宣制作等，形成相当规模的多门类经营共存的局面，它的主要特点是“规模大、部门多、效益高、资金足、人心齐”，是发展历史上的一个高峰期。

这一时期，西泠印社以杭州书画社为依托，谋生存、图发展，携手前行；杭州书画社为西泠印社的发展奠定基础，做出了突出的贡献，其本身也铸就成了曾经风光杭州的一块著名文化品牌。

今天，当我们在回顾西泠印社这段艰难而光荣的历史时，不仅要忠实具体的记录这段历史，也应该认识到“事在人为”的重要作用，这是当时全体文化局领导、杭州书画社（西泠印社）领导和全体职工共同努力所创立起来的“家业”。尤其是在这一时期任职的市文化局领导孙晓泉，社领导（依任职先后）王树勋、王萍、吕国璋、丁茂鲁、吴健峰、李明、寿湘君以及相关部门负责人俞言德、郁重今、朱关田、李伏雨、徐中定、王辛大、茅大容、余正、金竹斋等人。西泠印社的成就，不仅以“名人”荟萃而“闻名”天下，也因为有这些领导、骨干和全体职工为之默默奉献而发扬光大。一位长者如是说。

第四章　欢天喜地

党的十一届三中全会决定的大政方针，给整个国家和社会带来福音。从这一刻起，高举起改革开放的大旗，迎来了万象更新的春天，对于中国，对于中国人来说，如同久旱的禾苗逢甘霖，充满了生机。

1979年的冬天，是一个温暖的冬天。10月30日至11月16日，中国文学艺术工作者第四次代表大会在北京召开。来自全国各民族的文学家、戏剧家、美术家、音乐家、表演艺术家、电影工作者和其他文艺工作者的代表3000多人参加了会议。党和国家领导人出席大会并号召“艺术家放手进行创作”。这是全国文艺工作者在“文革”后的第一次盛会，有力地推动和繁荣社会主义文艺事业。

1979年正值西泠印社建社75周年之际（依常规做法，本应在1978年秋举办庆典活动），杭州市文化局领导决定乘此大好形势，进一步恢复和发展西泠印社的学术活动，繁荣金石书画艺术创作。经杭州市革命委员会批准，将在1979

请柬封面

沙孟海题大会会标

年12月底前召开西泠印社建社75周年大会。并由文化局领导和社领导组成“大会筹备小组”，开展大会各项筹备工作。

早在1976年“文革”刚刚结束，杭州书画社就主动以西泠印社的名义向各地老社员以发慰问信、登门拜访等形式，重新建立联系，社员们非常感动，感到非常温暖。出版社也积极与社员协商出版他们的作品和著作，邀请他们为出版编写书稿，社员们也纷纷主动为出版社出谋划策，勾勒选题。无论是改制前的杭州书画社，还是改制后的西泠印社办公室，都在促进团结全国各地的金石书画家方面，做了许多富有成效的努力，与社员们保持着密切的联系。此时的西泠印社如枯木逢春，焕发出新的活力，金石书画创作、展览、图书出版和学术研究活动已经逐渐恢复。

由于西泠印社16年未召开社员大会，此时社员人数仅有21人，又因前社长张宗祥、副社长潘天寿、傅抱石等逝世，原印社理事会残缺不全，使发展社员、开展学术研究等很难依规正常进行。面对社员人数少、机构不健全等现状，当时筹备小组的基本任务就是联系发展新社员，建立新的理事会，选举新社长，拟定新的艺术创作、学术研究计划等。

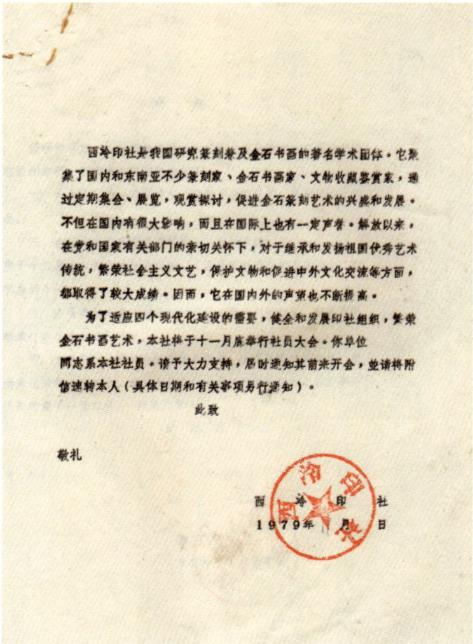

西泠印社是我国研究篆刻兼及金石书画的著名学术团体。它聚集了国内和东南亚不少篆刻家、金石书画家、文物收藏鉴赏家，通过定期集会、展览，观赏探讨，促进金石篆刻艺术的兴盛和发展。不但在国内有很大影响，而且在国际上也有一定声誉。解放以来，在党和国家有关部门的亲切关怀下，对于继承和发扬祖国优秀艺术传统，繁荣社会主义文艺，保护文物和促进中外文化交流等方面，都取得了较大成绩。因而，它在国内外的声望也不断提高。

为了适应四个现代化建设的需要，健全和发展印社组织，繁荣金石书画艺术，本社将于十一月底举行社员大会。你单位

同志系本社社员。请予大力支持，届时通知其前来开会，並请将附信速转本人（具体日期和有关事项另行通知）。

此致

敬礼

西泠印社

1979年 月 日

西泠印社发给社员所在工作单位的邀请函

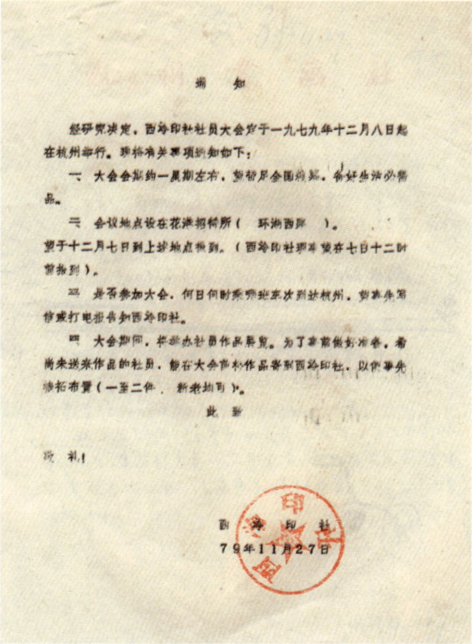

通知

经研究决定，西泠印社社员大会定于一九七九年十二月八日起在杭州举行。现将有关事项通知如下：

一、大会会期约一星期左右，请带足全国粮票，备好生活必需品。

二、会议地点设在花港招待所（环湖西路）。望于十二月七日到上述地点报到。（西泠印社那里望在七日十二时前报到）。

三、是否参加大会，何日何时乘哪班车次到达杭州，望事先写信或打电报告知西泠印社。

四、大会期间，将举办社员作品展览。为了事前做好准备，希尚未送来作品的社员，能在大会前将作品寄到西泠印社，以便事先裱拓布置（一至二件，新老均可）。

此致

敬礼！

西泠印社

79年11月27日

西泠印社发给社员的通知信

为了动员老社员们开好这次大会，并听取他们的意见，“大会筹备小组”先后于10月10日、10月22日在杭州、上海两地召开老社员座谈会。老社员们获悉将要召开社员大会的消息，心情都十分激动，笑逐颜开，大家认为大会召开适时恰当，发展新社员也是当务之急。一些年逾古稀，平时很少参加社会活动的老社员，也都兴致勃勃地参加了座谈会。到会的沪杭社员有王个簃、诸乐三、唐云、程十发、钱君匋、方去疾、高

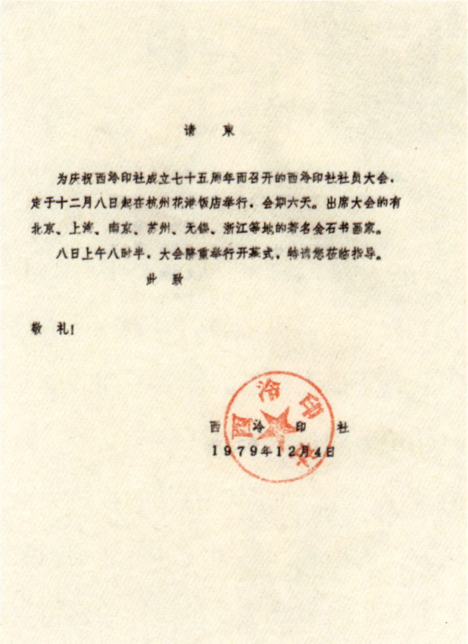

请柬

为庆祝西泠印社成立七十五周年而召开的西泠印社社员大会，定于十二月八日起在杭州花港饭店举行，会期六天。出席大会的有北京、上海、南京、苏州、无锡、浙江等地的著名金石书画家。

八日上午八时半，大会隆重举行开幕式，特请您莅临指导。

此致

敬礼！

西泠印社

1979年12月4日

西泠印社的正式请柬

社庆前在上海召开座谈会

式熊、叶潞渊、胡佐卿、钱镜塘、吴寅、江成之、张英田、刘江等。著名书画家谢稚柳和上海市文化局副局长沈柔坚等也到会，并提出了开好大会的建议。西泠印社副社长、上海画院副院长王个簃在座谈会上说："西泠印社在国内外都有影响，应当进一步繁荣起来，要继往开来，做到一心一意为'四化'，一心一意培养接班人。"其他社员也都对如何开好大会和发展金石书画艺术等，热情地提出了不少建议和意见。

为了邀请更多的名家入社，提高印社的知名度，"大会筹备小组"成员孙晓泉、艾福谦、吕国璋、王萍、李明等分别专程赴北京、上海、南京等地拜访赵朴初、启功、吴作人、宋文治、陈巨来、朱复戡等著名书画篆刻家，邀请他们入社，并参加即将召开的社员大会，以进一步提高学术团体的声望。还向余任天、周昌谷、马国权等著名书画家、学者发出了书面邀请，所有受到邀请的先生都很高兴地接受了印社的盛情。中央美术学院院长、著名画家吴作人说："你们的邀请我感到很荣幸。"著名画家李苦禅，著名篆刻家徐之谦，历史学

大会出席证

家、著名书法家启功等纷纷表示："对西湖和西泠印社很向往，对能参加西泠印社由衷的高兴。"著名佛学家、书法家赵朴初也愉快地接受了邀请，并表示："将尽我的一份力量，与大家一起把西泠印社办得更好。"

大会还特别邀请了安徽省委宣传部副部长赖少其、上海市文化局副局长沈柔坚、上海市手工业局长胡铁生、江苏省文联主席李进、杭州市委统战部部长郭仲选、杭州市政协副主席商向前等书画界的老领导到会指导。

经过以上充分的准备，这年的12月8日，西泠印社建社第75周年社员大会在杭州花港饭店会议厅召开，会期7天。社员们住进朴素的花港饭店，喜悦的心情无以言表，一种从来不曾有过的精神舒畅，从来不曾有过的扬眉吐气。

向大会报到的社员有陆俨少、许钦文、吴寅、朱屺瞻、朱复戡、沙孟海、孙晓泉、陈仲芳、陈左夫、任小田、姜东舒、茅大容、韩天衡、启功（满族）、徐润芝（女）、丁茂鲁、朱关田、周哲文、林乾良、李伏雨、罗福颐、王个簃、曹简楼、顾廷龙、钱君匋、徐家植、陈巨来、邹梦禅、黄涌泉、程十发、张寒月、蔡谨士、谢稚柳、陈佩秋（女）、刘江、王伯敏、曹漫之、高式熊、江成之、方去疾、单晓天、钱镜塘、吕国

大会工作人员证

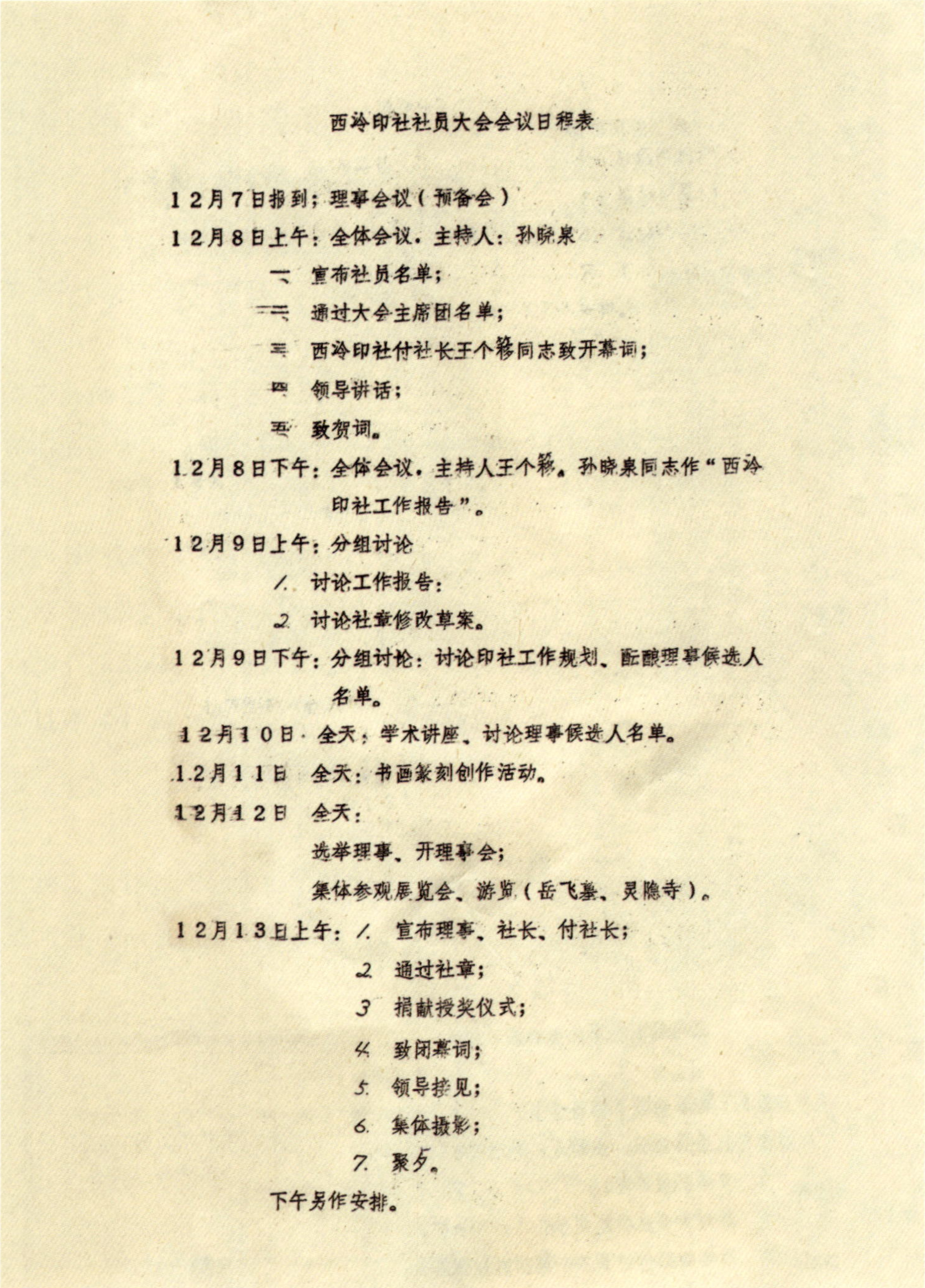
西泠印社社员大会会议日程表

12月7日报到；理事会议（预备会）

12月8日上午：全体会议，主持人：孙晓泉

一、宣布社员名单；

二、通过大会主席团名单；

三、西泠印社付社长王个簃同志致开幕词；

四、领导讲话；

五、致贺词。

12月8日下午：全体会议，主持人王个簃。孙晓泉同志作“西泠印社工作报告”。

12月9日上午：分组讨论

1. 讨论工作报告；

2. 讨论社章修改草案。

12月9日下午：分组讨论：讨论印社工作规划、酝酿理事候选人名单。

12月10日 全天：学术讲座、讨论理事候选人名单。

12月11日 全天：书画篆刻创作活动。

12月12日 全天：

选举理事、开理事会；

集体参观展览会、游览（岳飞墓、灵隐寺）。

12月13日上午：1. 宣布理事、社长、付社长；

2. 通过社章；

3. 捐献授奖仪式；

4. 致闭幕词；

5. 领导接见；

6. 集体摄影；

7. 聚餐。

下午另作安排。

大会日程表

大会开幕式会场

大会开幕式会场

会议现场

会议现场

璋、郁重今、郭仲选、商向前、诸乐三、诸涵、叶露渊、高石农等，共50人。

这次大会，是粉碎“四人帮”后西泠印社的第一次盛会。出席会议的有来自北京、上海、江苏、福建、山东、甘肃和浙江的社员，其中老社员18名，新社员32名，到会的社员中，年龄最大的88岁、最轻的32岁，其中有女社员2名。老将与新秀欢聚一堂，总结经验，切磋技艺，共商印

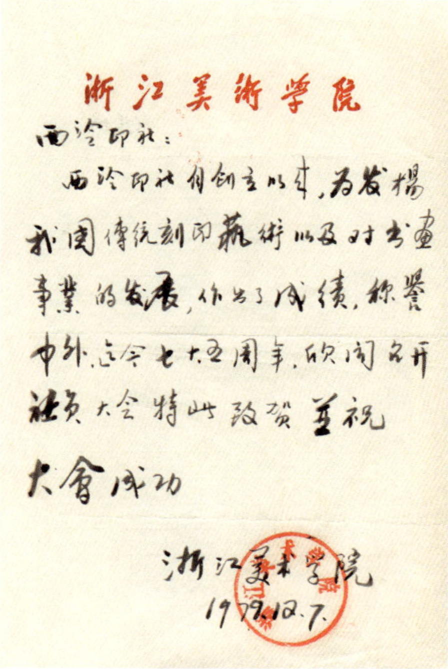
浙江美術学院

西泠印社：

西泠印社自创立以来，为发扬我国传统刻印艺術以及对书画事业的发展，作出了成绩，称誉中外。今逢七十五周年，欣闻召开社员大会，特此致贺并祝大会成功

浙江美术学院
1979.12.7.

浙江美术学院的贺信

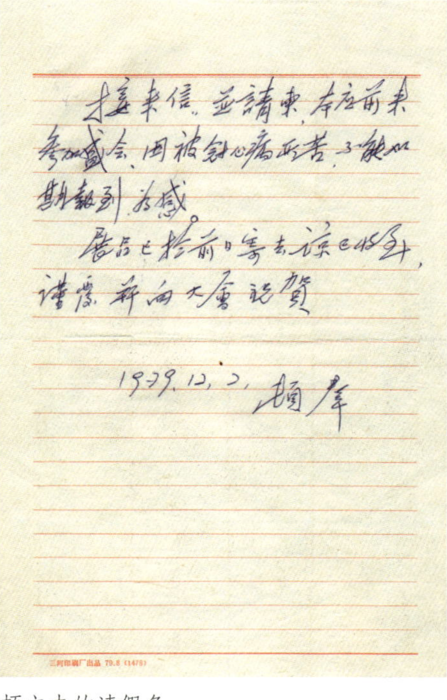
接来信，並請柬，本应前来参加盛会，因被针心痛所苦，不能如期报到为憾。

[illegible]前日寄去[illegible]，谨[illegible]向大会祝贺

1979.12.2. [illegible]

顿立夫的请假条

社发展大计，是十分难得的，是粉碎“四人帮”，结束极“左”路线后出现的新气象。浙江人民出版社、浙江美术学院、浙江省美术家协会、上海书画出版社、北京荣宝斋等单位也应邀出席，新华社浙江分社、文汇报、光明日报、浙江日报、杭州日报、西湖文艺、浙江省广播电台、浙江省电视台、杭州市广播站等新闻单位也派员参加大会，进行采访报道，浙江省电视台还对会议实况拍摄了录像。各

社员们在创作

社员在开小组讨论会

新闻单位跟踪报道西泠印社大会实况，把大会的声音传播的更远。上海科教电影制片厂派两名导演专程送来《书法艺术》《任伯年的画》《敦煌艺术》等三部纪录片免费放映。

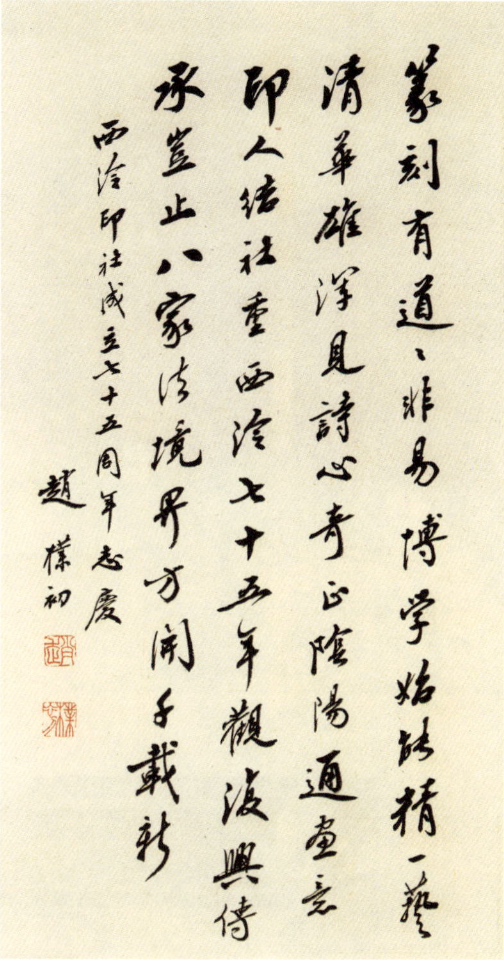

赵朴初贺词

这次大会，是在省、市委的重视和关心上下各方面爱护下召开的。中共中央政治局委员、国务院副总理王震，全国人大常委会副委员长周建人，全国文化艺术联合会副主席吴作人为大会题了词，全国人大常委会委员赵朴初向大会专电拍来贺诗，中共浙江省委第一书记、省革委会主任铁瑛在会议期间看望了与会社员并讲了话，省市委领导同志李丰平、王芳、张敬堂、薛驹、陈安羽、周峰、高峰，省市政协负责人毛齐华、何克希、商向前，以及省市有关部门领导商景才、于冠西、林淡秋、王黎夫、李远、柴及、孙可达、郭仲选等出席了开幕式或闭幕式，王芳、张敬堂、陈安羽、周峰同志分别代表省市委、省市革委会讲了话，向大会表示热烈的祝贺并向到会同志表示亲切问候。这些真诚的关怀，使与会社员十分感动，大家感到深受教育和欢欣鼓舞。

这次大会的主要任务是：根据四个现代化建设的新形势和新任务，在肯

全体社员在柏堂前聚会合影

部分社员在正门前合影

定成绩、总结经验教训，揭批极“左”路线的基础上，学习党的文艺方针，商讨如何进一步繁荣金石书画创作，确定任务，制订计划，选举新的领导机构，发展社员，进行学术交流等。贯彻执行党的三中全会提出的“解放思想、开动机器、事实求是、团结一致向前看”的方计，以主人翁的姿态，把这次大会开成一个团结的大会，解放思想的大会。通过这次大会，增强社员与社员之间，新老社员之间的团结和联系，加强社员和其他金石书画工作者的团结，以老带新，培养新人，发展壮大印社的队伍。

大会伊始，“在老友重逢，欢聚一堂的时刻，充满喜悦的同时，与会社员深深的怀念那些被‘四人帮’迫害致死的老前辈、老社员。对被‘四人帮’迫害先后逝世和身后遭受诬陷的西泠印社社长张宗祥，原浙江美术院院长、著名国画家潘天寿副社长，原江苏国画院院长、著名国画家傅抱石副社长，印社理事、印学家罗赤子，印社社员、著名书法家、篆刻家沈尹默，马一浮，邵裴子，还有童雪鸿、吴朴堂、秦康祥、马公愚、韩登安、金越舫、朱醉竹等老先生，行鞠躬礼，表示深切的悼念。”“我们的金石书画家是无产阶级的能工巧匠，为党为人民创造了很多精神财富，理应受到党和人民的信赖、爱护和尊敬。”（孙晓泉《西泠印社社员大会工作报告》）这句话，更让很多的人热泪盈眶。西泠印社再一次将社员们凝聚在一起，艺术家们在这里找回了尊严，找回了属于自己的荣誉感。

大会强调：社会主义文艺的新长征已经开始，西泠印社肩负着光荣而艰巨的任务。经过三年来的拨乱反正和思想解放运动，为印社新的发展创造了优越的时代条件。在建设四个现代化的新时期，西泠印社如何顺应时代潮流继续发展壮大，是这次大会的中心议题。

大会对西泠印社（杭州书画社）过去的工作，进行了认真的总结，肯定了它在艰难困境中的努力。“粉碎‘四人帮’以后，在党的领导下，经过揭批‘四人帮’斗争，又经过落实党的政策，许多受过打击和诬陷的革命老干部、

诸乐三在创作

沙孟海在创作

印社社员及其作品，已经得到平反昭雪，西泠印社被强加上的一切诬蔑不实之词已予全部推倒，恢复了它应有的声誉。‘四人帮’泡制的许多毒草，已经和正在受到批判。我们揭批‘四人帮’的斗争已经取得了伟大的胜利。经过短短三年时间的恢复和发展，印社无论在创作展览活动、出版工作、园林建设和对外文化交流方面，都取得了较大的成绩。即使在‘四人帮’为患的十年间，我们顶着逆流，还是做了不少有益的工作。”“通过这些活动，既促进了金石书画的发展和艺术创作的繁荣，又扩大了西泠印社的影响，还逐渐围绕西泠印社建立一支经常性的篆刻书法队伍。出版工作也随之得到了迅速地恢复和发展。”（孙晓泉《西泠印社社员大会工作报告》）

沙孟海在创作

这次大会，开得生动活泼，热烈紧张。会内会外，谈笑风生，新老社员，团结融洽。大家在会上畅所欲言，各抒己见；在会外互相拜访，共同探讨。这种愉快欢乐的心情，奋发向上的精神，是打碎“四人帮”精神枷锁的生动反映，是印社大家庭兴旺发达的表现。

启功在创作

大会使大家进一步树立了责任感，一致认为：今天，党

罗福颐在学术讨论会上发言

沙孟海在学术讨论会上发言

和政府虽然为印社的发展创造了良好的条件，但在我们面前，还有许多工作要做，还有许多课题要研究。办好印社，社员人人有责。正如有的社员所说：我们应当珍视老祖宗给我们留下了宝贵的遗产，发奋图强，艰苦奋斗，让印社更加发展壮大。在党和政府的领导下，印社一定能办的更加光辉灿烂。著名书法家启功说：中华民族有优秀的文化，西泠印社就是国家的财富，全体社员都应当为印社多作贡献，为继承和发扬优秀的金石书画艺术而努力。

大会赋予金石书画艺术作品以鲜明的

社员观看西泠印社社员作品展

时代特征和使命。强调金石书画艺术是祖国优秀文化的重要组成部分。在新形势下，它有广阔的天地，继承和发展金石书画艺术，是人民的需要，四化建设的需要，也是对外文化交流的需要，繁荣和发展金石书画艺术，西泠印社责无旁贷，并且能够起到联系金石书画爱好者的独特的桥梁作用。

大会号召“老一辈要搞好传帮带，培养接班人，新一代要刻苦钻研，把老一辈的好思想，好传统，好技艺学到手。”印社要为大家的学习创造条件，如及时交流情况，按地区定期举办学习讲座、进行专题讨论，举办巡回展览等。

这次大会，在西泠印社的发展史上是继60周年大会后，又一次具有历史意义的大会，它对印社今后的工作，将起显著的推动作用，并产生深远的影响。与会社员以昂扬的精神面貌，无比喜悦的心情，参加大会，群策群力，共商发

与会社员合影

理事会成员合影

展大计，并积极付诸实践。至始至终洋溢着浓浓的爱社之情。在这个经历颇多灾难后的时刻，大家的理想和信念升华到无私忘我的境界，真心实意的爱社如家。

在全体社员的共同努力下，充分发扬民主，大会取得了丰硕成果。

一、大会进一步明确认真贯彻党的文艺方针和党的文艺方向。充分认识党的文艺方针和文艺为最广大的人民群众首先是为工农兵服务的方向，进一步树立了办好印社、繁荣金石书画艺术，促进四化建设的责任感。大家认为：西泠印社是老一辈金石书画家艰苦创业的结晶，在国内外具有较大影响，办好印社，人人有责；金石书画不仅是人民大众赏心悦目、喜闻乐见的艺术品，也是教育鼓舞人们积极投入四化建设的重要精神食粮，还可以对外交流换取外汇，直接为四化建设服务。因而大家纷纷表示，今后要多学习，多研究，多创作，一定要办好印社，为繁荣金石书画艺术、促进四个现代化做出贡献。

二、本次大会发展了48名金石书画界的老将和新秀加入了印社，社员增加到72名。现有社员分布在北京、山东、安徽、江苏、上海、浙江、福建、甘肃、香港等地，其中浙江社员28名。大会选出了王个簃、马国权、方介堪、叶露渊、刘江、吕国璋、朱复戡、孙晓泉、启功、沙孟海、陈佩秋（女）、张英田、罗福颐、周哲文、高式熊、唐云、诸乐三、钱君匋、程十发、谢稚柳等21人组成理事会，并公推著名金石书法家沙孟海为社长，王个簃、孙晓泉、诸乐三、方介堪、启功、程十发、钱君匋、方去疾为副社长；推举赵朴初为名誉社长，吴作人、曹漫之、郭绍虞、谢稚柳、胡铁生为顾问；社长、副社长共9人组成常务理事会；确定孙晓泉兼秘书长，方去疾兼副秘书长，吕国璋为副秘书长。大会还根据社员的分布多少，按地区进行了编组，推选了组长、副组长。这次大会确立的基本完善的组织架构，为以后西泠印社工作的全面展开，创造了良好的条件。

三、大会根据当前的实际情况需要，修改了部分章程。原有章程规定印社是“我国印学家自愿参加的群众性学术组织”，考虑到印社社员的实际情况，金石篆刻和书画密不可分，为了更广泛地团结金石书画家，经过充分酝酿和讨论，将此句改为“西泠印社是我国金石书画家自愿参加的群众性学术组织”，与此有关的条款也作了相应修改。考虑到印社以前曾有外国社员等情况，新的章程中增添了“华侨、港澳同胞和国际友人如要加入印社，还须经有关部门批准”的条款。章程新设副秘书长职位，并规定大会闭幕期间，由社长负责本社的工作，由正、副秘书长领导本社办公室负责处理日常事务。对社员的义务、权利等条款也作了必要的修改和增订，与会社员一致通过了新的章程。

四、大会举行了学术报告会，进行了学术和工作交流。在这次会议中，沙孟海、方去疾、罗福颐分别作了《浅谈印学形成的几个阶段》《明清篆刻流派简述》《对古印章的认识》等三个学术报告，启功也在学术报告会上对中国书法发表了精辟的意见。曹漫之、王个簃、谢稚柳等同志也在大会上讲了话。他们的报告和发言得到了大家的好评。在大会上发言的还有来自北京、上海等地的特邀代表，北京荣宝斋经理侯凯关于赴日展销情况的发言，使与会社员对金石书画为四化建设积累资金的作用等方面留下了深刻的印象。

五、大会举办了社员作品展览，丰富了印社收藏。会前，社员们送来了作品91件，其中国画27幅，书法37幅，印屏和印章27件。在大会举行书画篆刻活动时，在短短一天多的时间内大家同心协力，又创作了132件金石书画作品，其中画42幅、书法72幅、刻印18方。通过这次大会总计收到了232件金石书画作品，其中画69幅、书法109幅、印屏和印章27件、刻印18方，这些作品分别作了展览。在大会的书画篆刻活动中出现了许多动人景象。著名金石书画家朱屺瞻、王个簃、谢稚柳、诸乐三、程十发、陈佩秋、陆俨少、曹简楼八位画家联合创作了一丈二尺宽的巨幅国画，沙孟海题了“东风浩荡”四字。这幅巨作气势磅礴，春意盎然，也是这次大会的缩影，更是祖国欣欣向荣的象征，受到普遍赞扬。印学家们在一块大砚台上刻记了大会的盛况，并刻下了52位与会社

八位社员创作的《东风浩荡》

员的名字。很多同志已年逾古稀，如朱屺瞻、王个簃等已经80多岁，还兴致勃勃地挥毫执刀，激情创作。中青年社员除虚心向年老同志观摩学习外，也积极创作，著名国画家陈佩秋一个晚上连绘了四幅国画，充分反映了她参加印社的高兴心情。王个簃精神抖擞，一气呵成“百岁进军”四个刚劲凝练，气魄雄伟的大字，并题诗一首：“大好形势中，人人有志气。百岁亦寻常，昂首立天地。”一股热爱生活，对前途充满信心的精神，跃然纸上。这一切，生动地说明了在党中央的正确领导下，由于粉碎了“四人帮”，落实了党对知识分子政

策，已经充分调动了他们的创作积极性。这次盛会团结了众多的著名金石书画家，可以预见在不久的将来，一定会有更多、更好、更美的作品问世，呈现出西泠印社“百花争艳”的春天。

六、大会接受社员捐献，西泠印社收藏捐献活动再启。在本次会议筹备期间，上海画院副院长、西泠印社副社长王个簃先生，慷慨捐献文物字画30件与杭州市政府，有西泠印社首任社长吴昌硕字画24件，明朝董其昌行书手卷1件，清朝八大山人画鹿屏条1件，近现代名家杨砚字对1件、王一亭画1件。杭

王个簃在创作

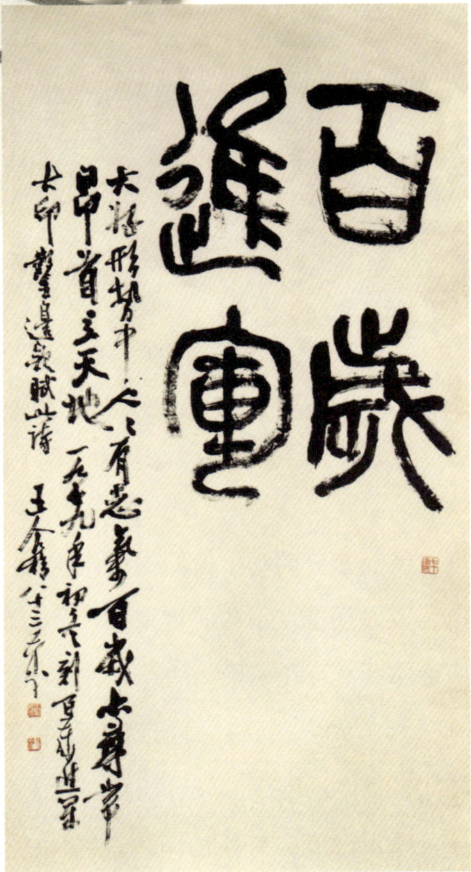

王个簃创作书法《百岁进军》

州市政府决定将其转交给西泠印社珍藏。大会专门举办了捐献仪式，杭州市委书记、市革命委员会副主任周峰在讲话中说，王个簃先生的捐献，让我们从中得到启发和教育，要更好地珍惜祖国的优秀文化遗产，更好地保存金石书画，为四化建设发挥应有的作用。王老先生这种爱国爱社的崇高思想得到与会者的一致钦佩和赞扬，为表彰他的好思想，周峰同志代表市革委会向

杭州市委书记周峰向王个簃颁发捐献证书。

其颁发了奖状和奖金，以示褒奖。王个簃在捐献议式上激动地表示：“我对西泠印社有非常深厚的感情，把昌硕先生的作品捐献出来，让大家欣赏，是最愉快的事情，也是我的心愿。我还有一些昌硕先生的作品，（“文革”中被抄走，还）没有归还我，以后归还了，我一定全部捐献出来。”个簃先生的胸襟，赢得全场的热烈掌声。自此，以王个簃的捐献为先导，停滞了10多年的文物捐献活动，再次逐渐活跃起来。

这次大会期间，社员郁重今篆刻出版《鲁迅笔名印谱》，并将印谱连同100方印章全部无偿作捐献印社。社员叶潞渊、程十发、陈巨来等捐有印章、《印存》与印社。

七、大会研究了今后的工作，初步制订了工作规划。与会同志认为这次大会开得及时，收获很大，普遍觉得大会以后任重而道远。表示不仅要认真研究

沙孟海、王个簃、诸乐三在孤山共同创作《梅春图》

和总结我国金石书画界的过去和现在，还要留心国外的有关动态；既要搞好国内的艺术交流，又要加强对外文化交流；既要搞好学术研究、艺术创作，还要搞好展览出版。目前金石书画界更迫切需要培养年轻一代。根据以上情况，初步制订了今后几年的工作规划，其中包括编印《西泠印社通讯》、编辑《吴昌硕作品选集》《印人传》《西泠印社志稿续编》等作了安排。举行社员作品展览及对外展销，开展文化交流等。

沙孟海、王个簃、诸乐三合作《梅寿图》

第五章　愿景远眺

建社75周年社员大会的召开，为西泠印社的进一步拓展带来了新的契机，因而有大量的工作要做，重点是找准定位，理顺关系，稳步扎实地发展自己。西泠印社办公室针对大会以后的任务和规划做了全面的分析和工作设想（草案），提交大会讨论和研究，受到大会的高度重视，并形成基本共识。

大会以后的任务和工作设想认为：党的十一届三中全会的召开，解放思想，改革开放，国家形势逐步发生重大变化，预示着广阔的发展前景，各行各业的工作重心开始有步骤地转移。西泠印社要顺应时代，在新形势下，提出新要求、新任务、新的奋斗目标。西泠印社要根据“全党工作的重点正转移到社会主义现代化建设上来，文艺工作同其他工作一样，也面临着这样一个历史性的转变。在新的历史条件下，为四个现代化服务，就是为最广大的人民服务，为了完成这一转变，使西泠印社的工作纳入为四个现代化服务的轨道。”面对这样的背景和前提，西泠印社审时度势，提出在以下八个基本面，努力作为。

1.加强学术研究，繁荣艺术创作

学术研究和艺术创作是西泠印社的立身之本，建社60周年举办专题学术讲座，意在倡导学术研究之风，但因为“文革”的原因又停滞多年。本次大会虽然由学界泰斗沙孟海、方去疾、罗福颐分别作了三个学术报告，但普及不够，没有能够形成良好的氛围，中青年学术研究力量有待培养和加强，大会充分意识到自己面临的问题和不足，学术研究问题逐步引起重视。由于“文革”的影响以及一批学术功力深厚的社员的相继去世，如何继续深入进行印学研究，是西泠印社作为一个学术团体如何保持其生命力的关键问题之一。

面对日趋繁荣的篆刻艺术，大会号召要以全新的艺术视角，敏锐的学术眼光，严谨的学术态度，正确地把握和引导书法理论研究的方向，努力营造积极向上、民主和谐的学术氛围，推动学术研究的开展。必须对金石书画艺术的现状加以研究，探索它发展的客观规律，从理论上回答它所提出的种种新问题，这就需要我们把马克思主义的普遍原理，同艺术实践很好地结合起来，提出新理论，写出新的学术论著。

要坚持“百花齐放、百家争鸣、推陈出新、古为今用”的方针，在篆刻书画艺术创作上提倡各种不同题材、不同风格流派的自由比赛，在艺术理论上提倡不同观点和学派的自由讨论。为了活跃学术空气和繁荣艺术创作，要定期或不定期地举办一些学术报告会、学术座谈会、作品展览会等。通过理论上的探讨和作品展览，进一步指导和推动艺术的创作实践。全体社员力争多出产品、多出成果，每年分地区举办一次学术报告会或座谈会，每年举办一次社员作品展览。计划明年在北京、上海、南京、广州、杭州等大城市举办一次社员作品巡回展览。积极创造条件，每年组织一批社员来杭进行创作活动，帮助社员完成个人研究和创作计划。

从明年开始，由西泠印社办公室编印《西泠印社通讯》，总结交流本社及其他有关学术和创作动态等。

2.搞好出版工作，繁荣金石书画

随着篆刻书画艺术创作的繁荣和学术研究的兴盛，西泠印社出版工作必须紧紧跟上。大会认为，有优越的社会主义制度，粉碎“四人帮”又扫除了前进道路上最大的障碍，因此，西泠印社的出版能力和质量完全能够大大超过历史上的最高水平。

重点做好出版展览，配合做好学术研究工作。出版重点是有关书画篆刻文物的画册、碑帖、印谱、学术著作，采用机印和手拓两种方式供应国内外读者。出版内容以有艺术价值的文物资料为主，同时介绍现代作者的作品。不定期地通过展览和学术活动，向大家介绍文物藏品、艺术创作和学术研究等专业理论经验体会等。以便更好普及和提高广大书画篆刻工作者和爱好者的艺术水平。要求各地社员为办好本社的出版展览、学术研究事业而提供作品支持。

今年准备陆续出版的有《西泠艺丛》《西泠四家印谱》《革命胜迹印谱》《忠义堂法帖》《吴昌硕行书帖》，还有沙孟海、程十发、陆俨少、潘韵等先生的画册和著作，共40余种，正在积极印刷编辑中。初步设想明年要把大型《吴昌硕作品选》（分上、下两卷）的出版工作抓紧抓好，搞出国际水平来，以此带动其他金石书画的出版，创出新水平，恢复和提高西泠印社的出版权威。希望各位老社员多提供吴昌硕作品和有关线索。依靠整个印社的力量把它搞好。同时努力搞好普及读物的出版工作，为今后进一步从事提高的工作创造必要的条件。

另外，积极筹备，创造条件，今后将分期编辑出版：（一）印学方面：《祖国风光》手拓本（在本次大会后组织社员创作），《著名金石书画家闲章集》《印学史》《印人传》《续印人传》《新印人传》《黄牧甫印谱》《寿石工印谱》；（二）碑帖方面：《颜真卿行书帖》《邓石如篆书帖》《吴昌硕行书帖》《李北海行书选字本》《赵孟頫行书选字本》；（三）画册方面：《吴昌硕作品选》《社员作品选集》《社员个人作品专集》《著名金石书画家连环画故事》；（四）文字书《题画诗选》等图书。

这次大会，大多数社员考虑和制订了1984年以前西泠印社80周年创作、编写和学术研究的计划，有题目、有时间、有奋斗目标、有具体措施。

3.办好《西泠艺丛》，展示创作动态

《西泠艺丛》是西泠印社学术研究和艺术创作的主要窗口和阵地，要切实办好，每季出版一期。利用这一阵地发表学术论著，介绍印社藏品、金石书画新作，以及介绍国内外有关学术和创作的动态为基本内容。希望全体社员多提建议，提供稿源，以保证《西泠艺丛》的质量。

4.培养新生力量，壮大印社队伍

要加强印社内部的团结，认真培养新生力量；加强与非本社社员的专业和业余篆刻书画工作者的团结，经常吸收他们参加本社举办的一些创作展览、学术交流和对外文化交流活动，以壮大队伍，提高水平。印社将继续以单独或与外单位（如工人文化宫）协作的方式，办好职工篆刻书画业余培训班，通过考试招生函授，以培养新生力量。

采取积极慎重的方针，发展新社员。在1984年前，争取在各省市基本上都有社员，并征得上级同意后，慎重地在日本、东南亚一带发展少数国外社员。

5.促进中外文化交流，搞好外宾接待

加强中外文化交流，增进团结和友谊。要加强国际联系，特别要加强与日本的、东南亚各国间的联系，加强学术交流。要研究接收有志于印学的国际友人加入印社。要把我国的优秀作品介绍到国外去，把外国的好作品引进来，并加强对国内外艺术史、艺术动态的收集和研究。

金石书画已成为广受国际友人来访欢迎的旅游纪念品。随着旅游事业的发展，国际友人和印社的交往已愈加频繁。根据情况和可能，邀请外地社员参加对外文化交流活动。在做好充分筹备的前提下，举办一些文物金石书画出国展销会，准备明年去日本展销一次，希望社员提供展品。以此为契机，与日本等国及香港地区建立联系，加强文化交流。

组织编写《西泠印社新志稿》及《西泠印社概况》，做到图文并茂，供应游客和外宾，扩大影响。

6.丰富印社藏品，加强藏品整理

要继承和发扬印社的历史传统，依靠全体社员共同努力，采用动员捐献、收购、组织创作等多种形式和办法广泛征集金石书画、碑帖及有关文物资料，特别是印学方面的资料，以便建立起一个在全国资料较为齐全的印学资料室。

全体社员多出产品、多出成果，并为印社多留作品。大力组织在杭社员进行创作活动，每年组织部分外地社员集中举办一次篆刻书画的创作活动，加强社员作品的征集，丰富扩大印社藏品，全体社员要为继续不断地充实和丰富印社藏品贡献自己的一份力量。

加强对藏品整理和研究，经常组织观摩，更好地发挥它的借鉴作用。

7.搞好园林建设，恢复景观旧貌

印社的园林建设方面，虽然已有较大改观，但根据形势的发展和要求还是不相适应。另外，被破坏的文物如塑像、建筑尚未全部恢复。原有的自然条件的环境改善，也还大有进一步发展的潜力。要群策群力，把印社这个学术活动和旅游活动的基地搞好，使之不但具有中国的民族气魄，又具有西泠印社自己独特的风格。既要有雅致的风景，又要有丰富的文物、灿烂的文化，使之成为名副其实的“湖山最佳处”。

积极恢复和改善园林面貌，争取明年前将观乐楼、遁庵扩建完成。重新刻造丁敬、邓石如石像，复铸吴昌硕铜像，最迟明年全部完工。将有价值的原创刻石匾额对联全部恢复，将全部建筑油漆，再增刻具有文物价值的名人书法，增刻董老、郭老等领导和国内及日本书法篆刻家的作品。不断美化园林艺趣，使西泠印社真正成为在历史文物、金石书画和园林艺术三者至善臻美的湖山最佳处，成为国内外著名的游览胜地。

8.多种经营创收，提升制作展销

采取多种经营并举，提高制作和展销水平，增加创收能力。加强宣纸加工力量；提高西泠印泥的质量和产量；扩大裱画工场，提高裱画质量等等。

积极做好对外展销工作，计划1980年去日本展销，再争取去香港或国外展销，以扩大影响，争取外汇收入。

建社75周年纪念大会，时代印痕明显，有一定的历史局限性，但它的成功举办，从形式和内容上成为后人借鉴学习的范例。它提出开展大力开展学术研究和艺术创作的观点；倡导社员与印社互动，创作与创收互动，扩大实体经营创收的理念；强调以征集、收购、组织创作等形式丰富扩大印社藏品，以及向海外发展社员的探索等等，未来事务规划具体务实，极少口号式布置，可操作性强。虽然有些设想，因种种原因大多并未能如期实现，但它的基本思路，值得学习。它关于西泠印社服务学术研究和艺术创作的设想，以及西泠印社经济发展的指导性纲领，在今天仍具有一定的启示作用和借鉴作用。

虽然，75周年纪念大会会期不长，但由于省市政府领导的重视，特别是市文化局领导的组织和主持下，“大会筹备小组”的具体实施，全体社员及与会工作人员一致努力，会务组织的严谨周密，会风扎实，民主和谐，积极向上，大会取得圆满成功。大会取得的一系列丰硕的成果表明，它开创了西泠印社历史的新纪元，昭示着一个繁花似锦的西泠印社新的时代必将迅速到来。

下篇　庆典集锦

这次大会，开的生动活泼，热烈紧张。会内会外，谈笑风生。新老社员，团结融洽。大家在会上畅所欲言、各抒己见，会外互相拜访，共同探讨。这种愉快欢乐的心情，奋发向上的精神，是砸碎了“四人帮”精神枷锁的生动反映，是西泠印社兴旺发达的表现。

——节选《关于庆祝西泠印社成立
七十五周年社员大会的情况报告》

第六章　作品选录

泼墨挥毫，艺术创作，所有的线条展现，都是艺术家心灵的流露和精神的寄托。在这个非常时刻，社员们的每一幅作品，都是冲破文化桎梏的感情写真，是留给西泠印社的一份宝贵财富。当然，比艺术作品更珍贵的是社员们的爱社精神。大会期间，社员们满怀高涨的创作热情，短短一天半时间就创作了132件作品，尤其是移师至孤山社址的创作场景，犹如一道天人合一的艺术景观，为大会画上圆满的句号。因事未能到会的社员，也寄来了自己的作品，献上对大会的祝福！

谢稚柳、陆俨少合作《松竹图》

朱屺瞻《听涛》

王个簃《葡萄满架庆丰年》

陆俨少《云蒸霞蔚》

程十发《鲜花献社庆》

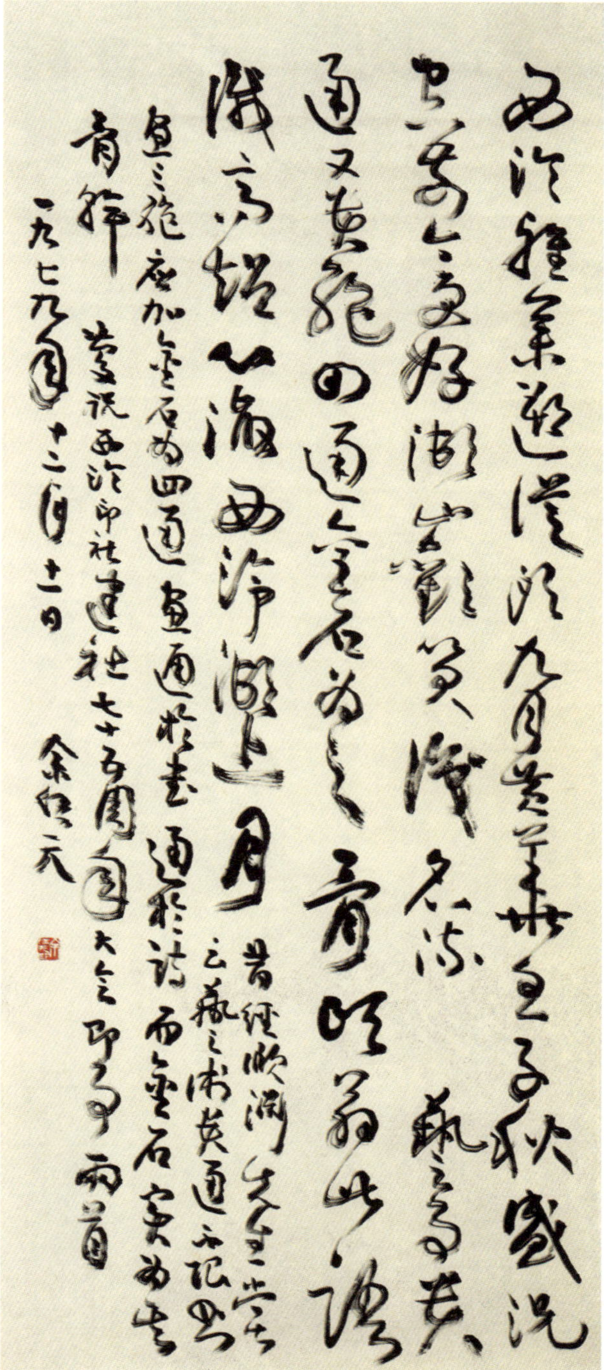

余任天 自题诗二首

余任天《高山仰止》

钱君匋《远瞩》

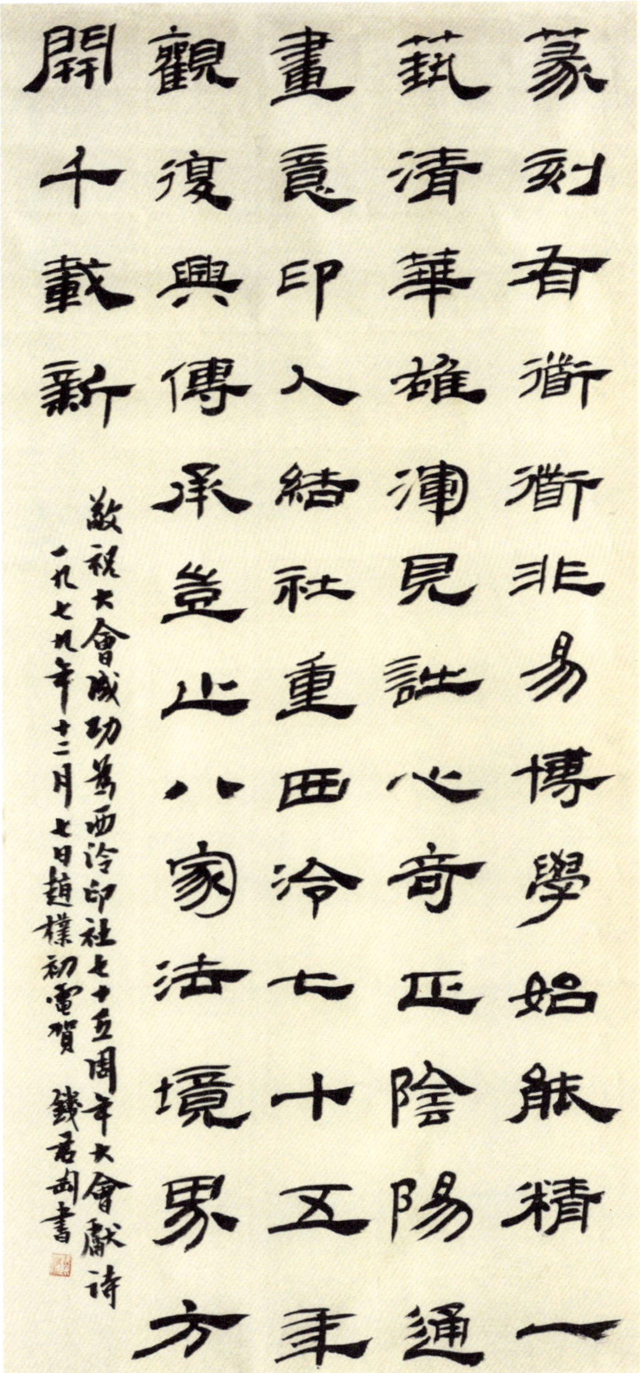
篆刻有衟衟非易博學始能精一
藝清華雄渾見詣心奇正陰陽通
畫意印入結社重西泠七十五年
觀復興傳承豈止八家法境界方
開千載新
敬祝大會成功為西泠印社七十五周年大會獻诗
一九七九年十二月七日趙樸初電賀
錢君匋書

钱君匋　自题诗一首

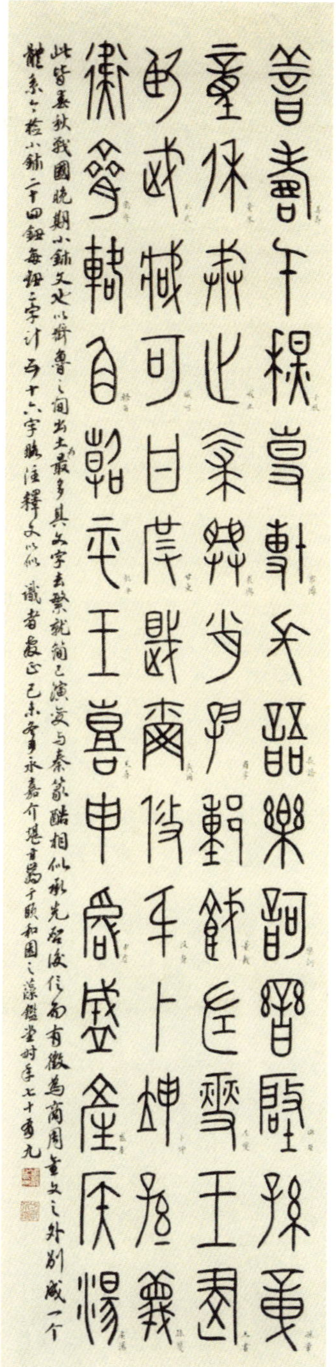

方介堪　小玺文附注

方介堪《梅花》

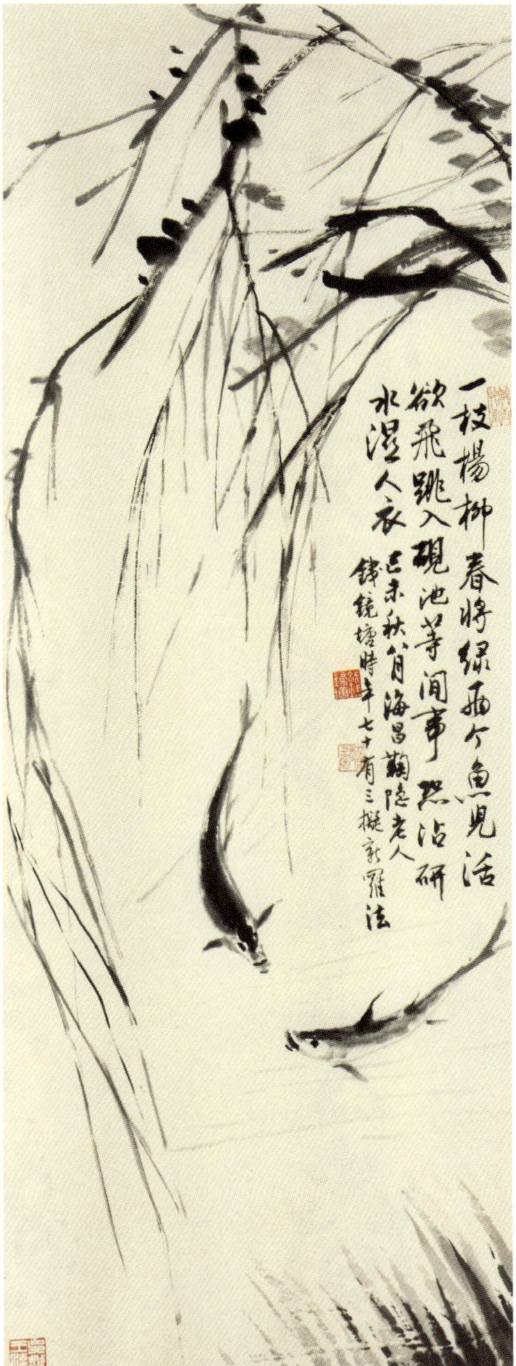
一枝楊柳春將綠兩个魚兒活
欲飛跳入硯池等閒事恐沾研
水濕人衣
己未秋八月海昌鞠隱老人
錢鏡塘時年七十有三擬新羅法

钱镜塘《双鱼戏水》

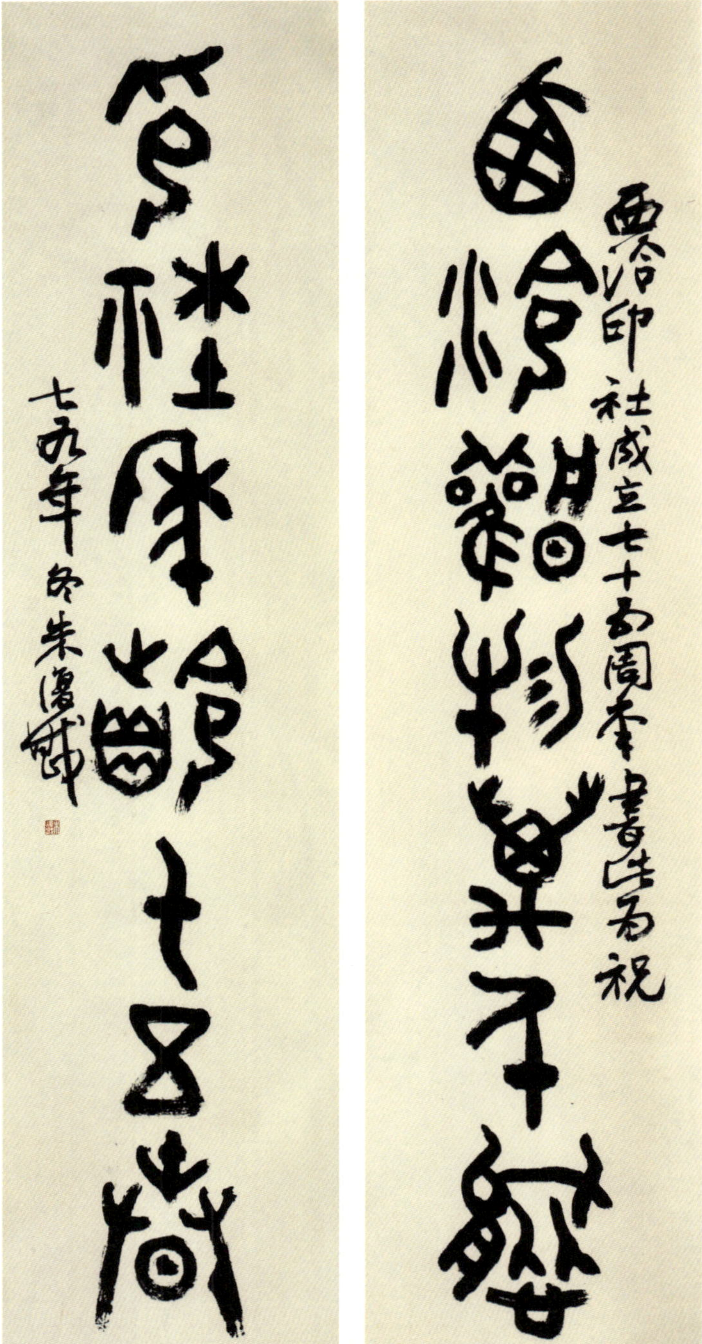

朱复戡　对联《西泠·印社》

谢稚柳《紫藤花开》

诸乐三《美意延年》

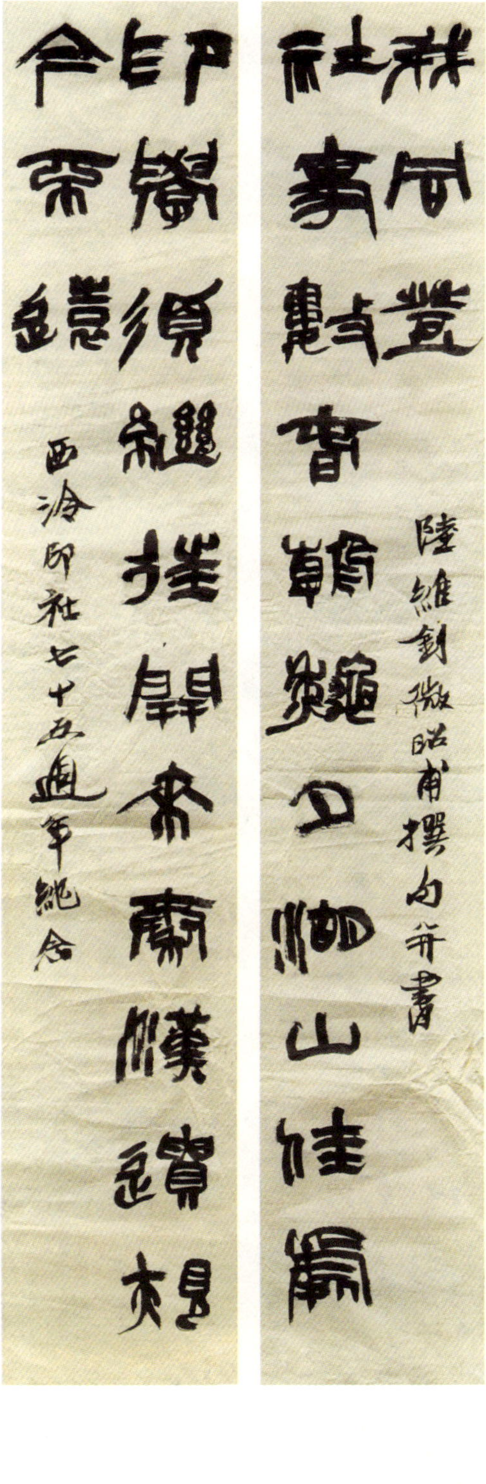

陆维钊　对联《社事·印学》

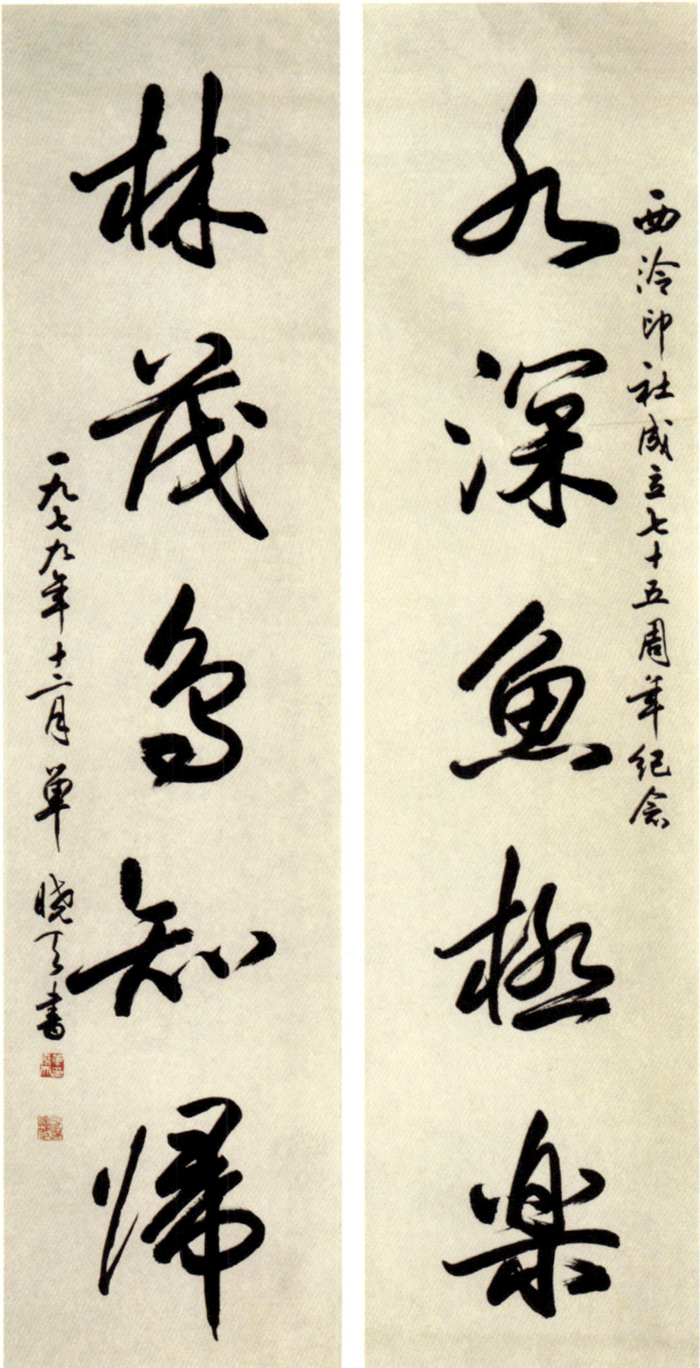

单晓天 对联《水深·林茂》

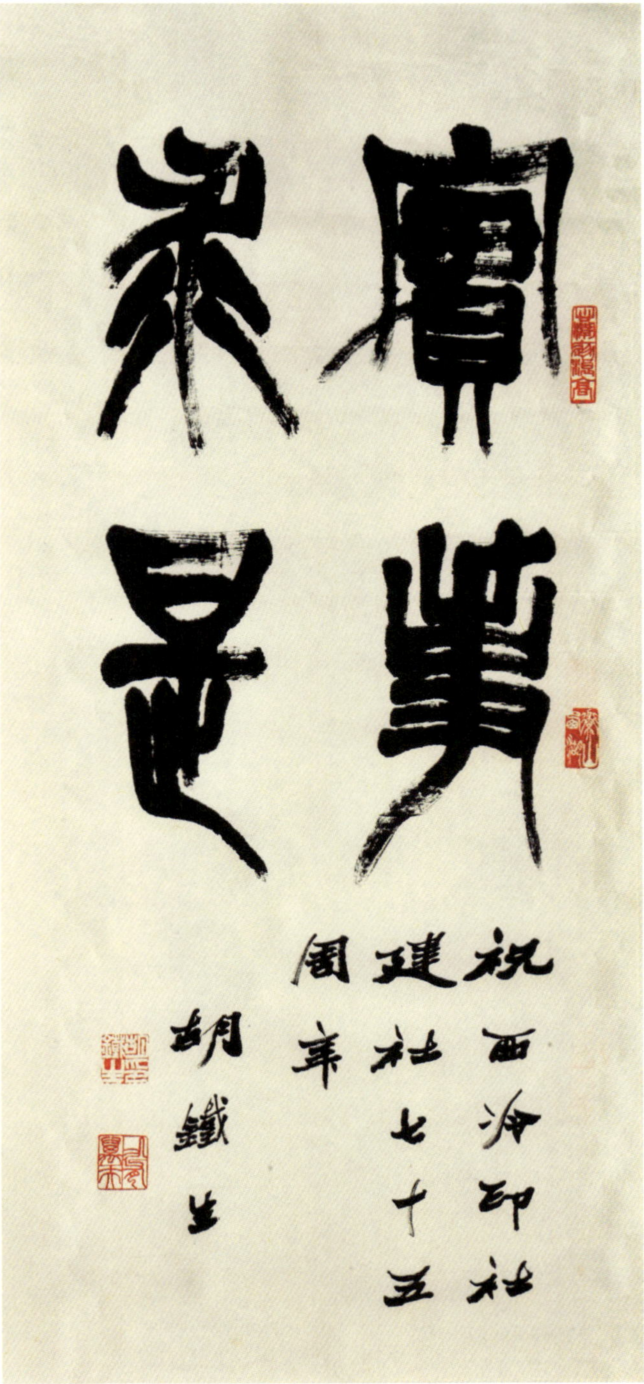

胡铁生《实事求是》

曹简楼《满山乌桕红似火》

周昌谷《老梅新花》

曹简楼、启功、黄涌泉、陈巨来、李伏雨、王伯敏合作《松鹤图》

萧淑芳《花长好》

李苦禅《秋姓》

启功《竹石图》

叶露渊《海堂》

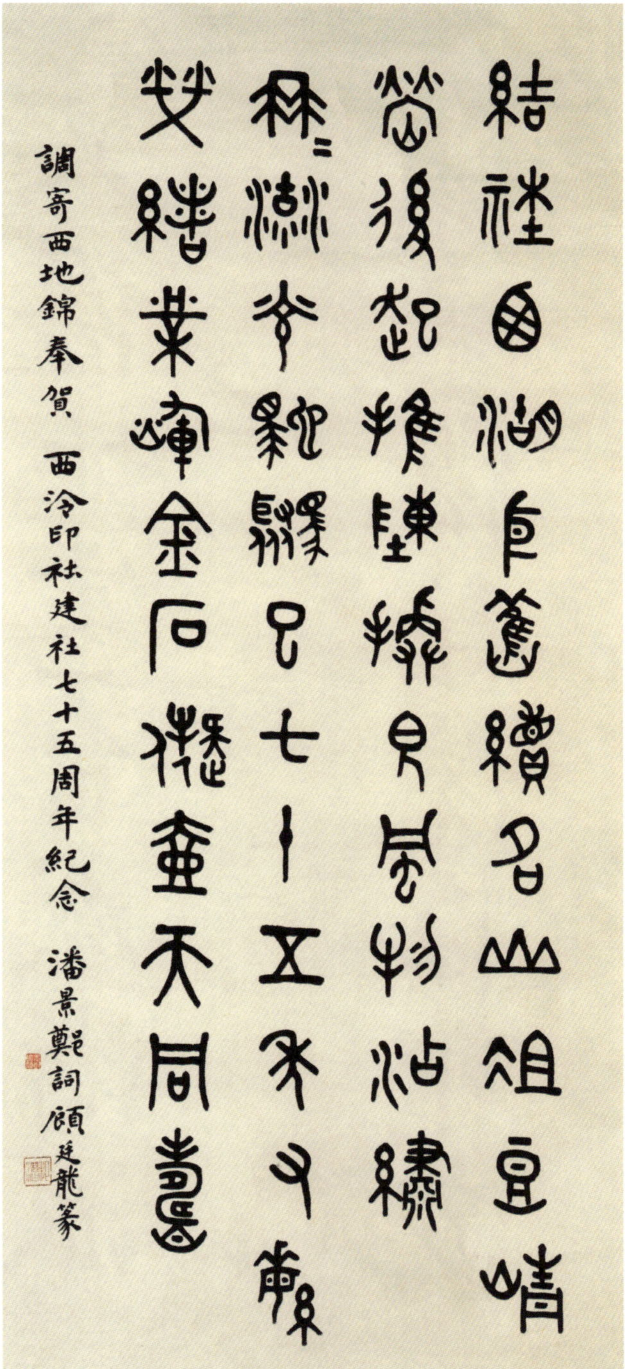

顾廷龙 潘景郑词一首

郭绍虞 对联《人杰·开来》

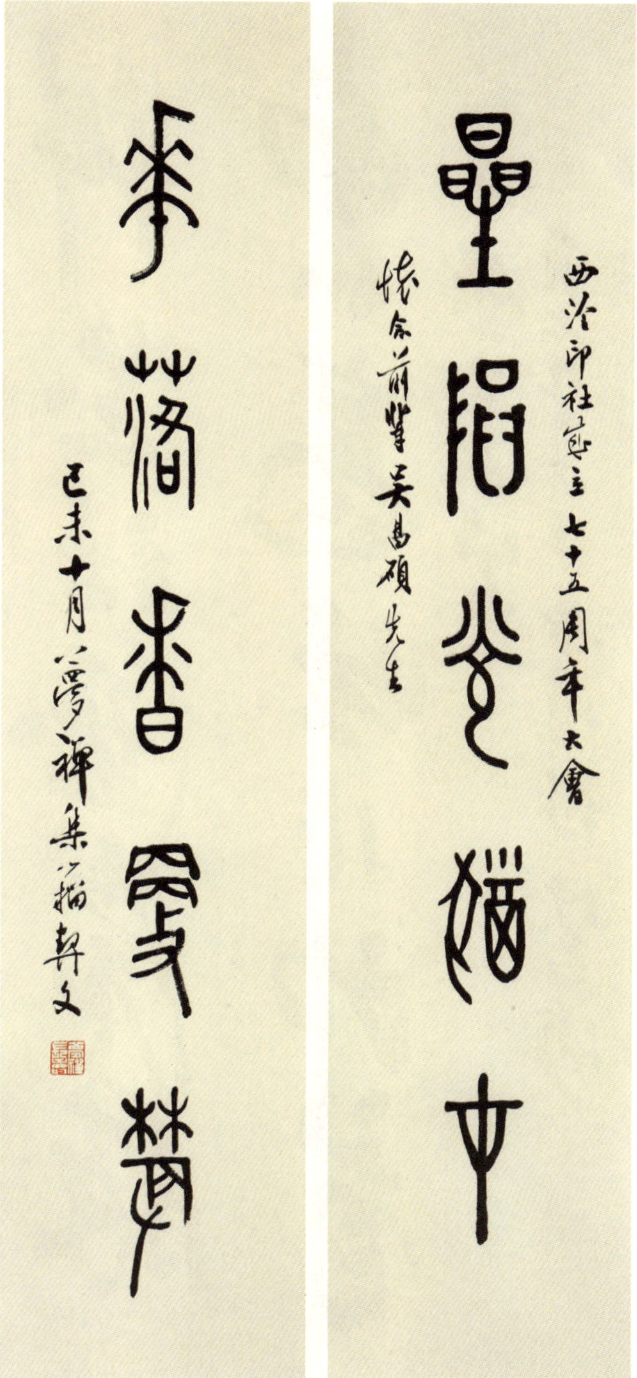

邹梦禅　对联《星陷·花落》

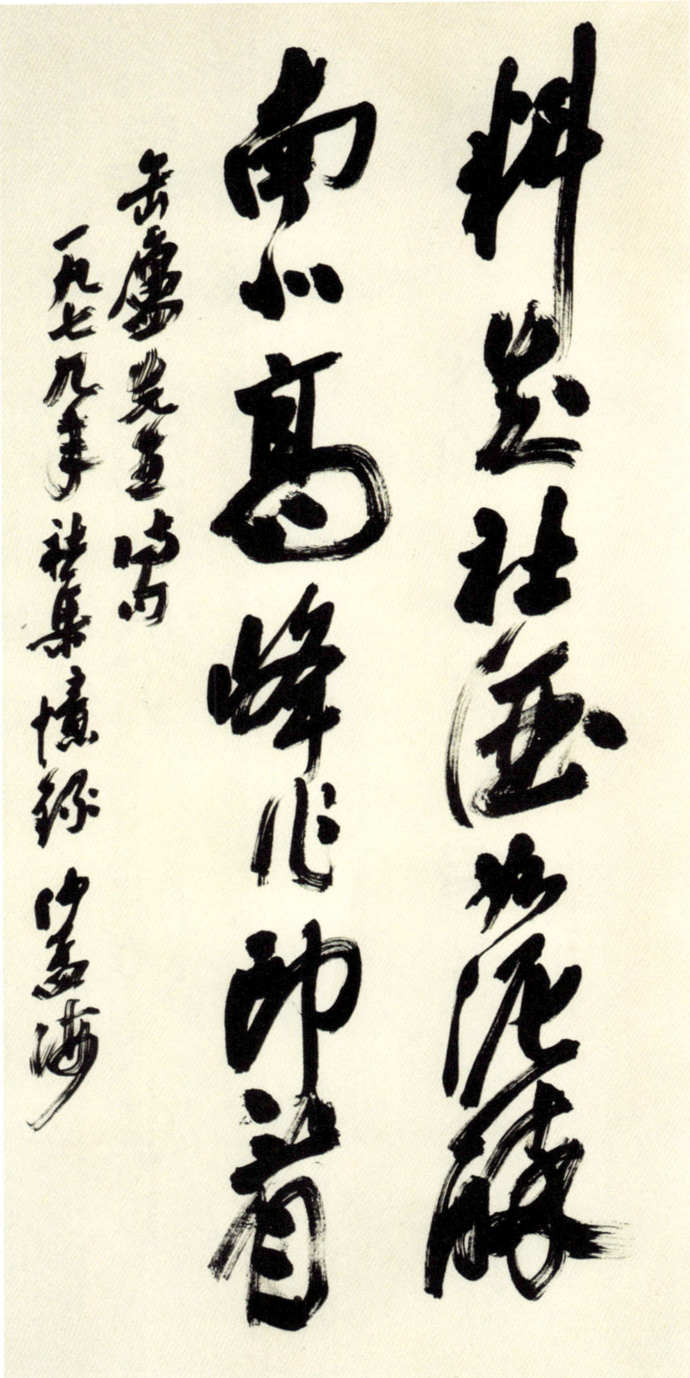

沙孟海 对联《料是·南北》

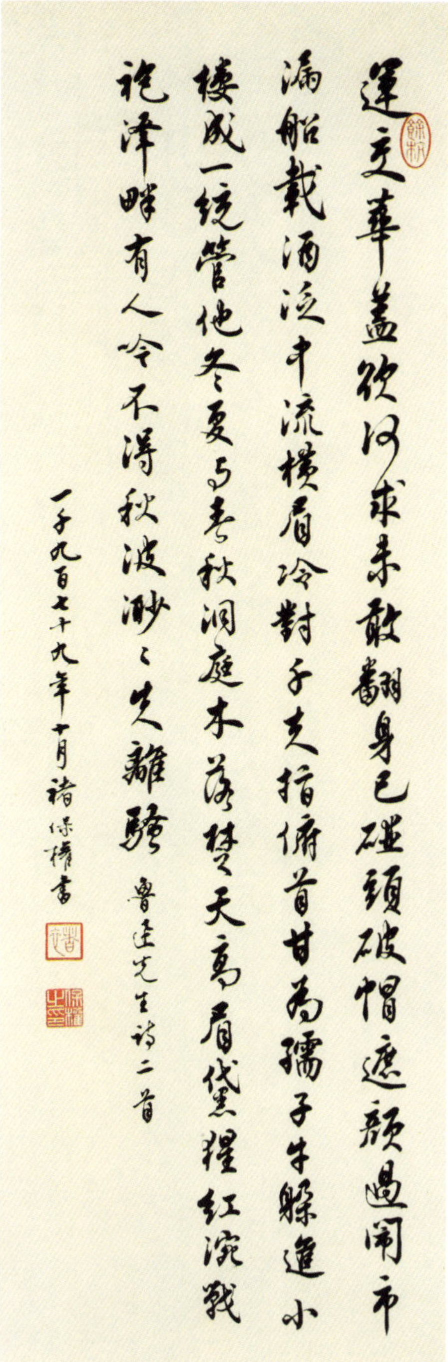
運交華蓋欲何求未敢翻身已碰頭破帽遮顔過闹市
漏船載酒泛中流横眉冷對千夫指俯首甘為孺子牛躲進小
樓成一统管他冬夏与春秋洞庭木落楚天高眉黛猩紅涴戰
袍澤畔有人吟不得秋波渺渺失離騷
魯迅先生詩二首
一千九百七十九年十月褚保權書

褚保权　鲁迅诗二首

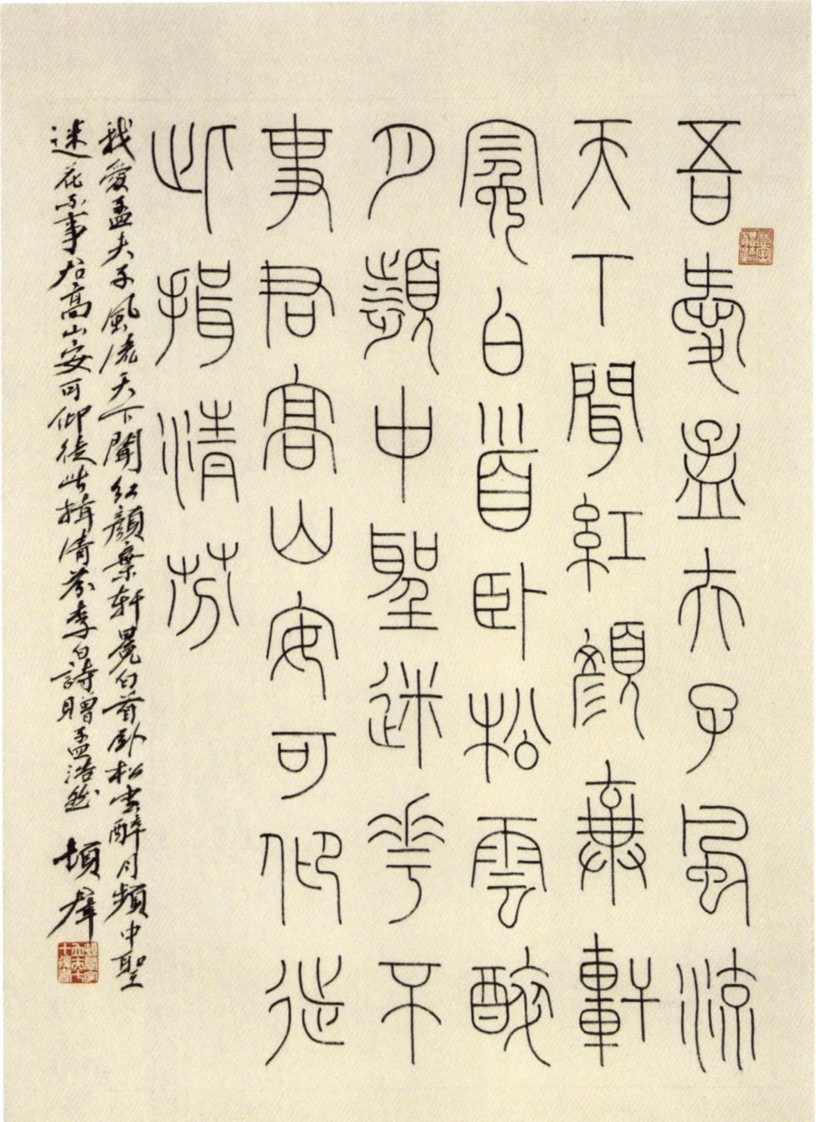

顿立夫　李白诗一首

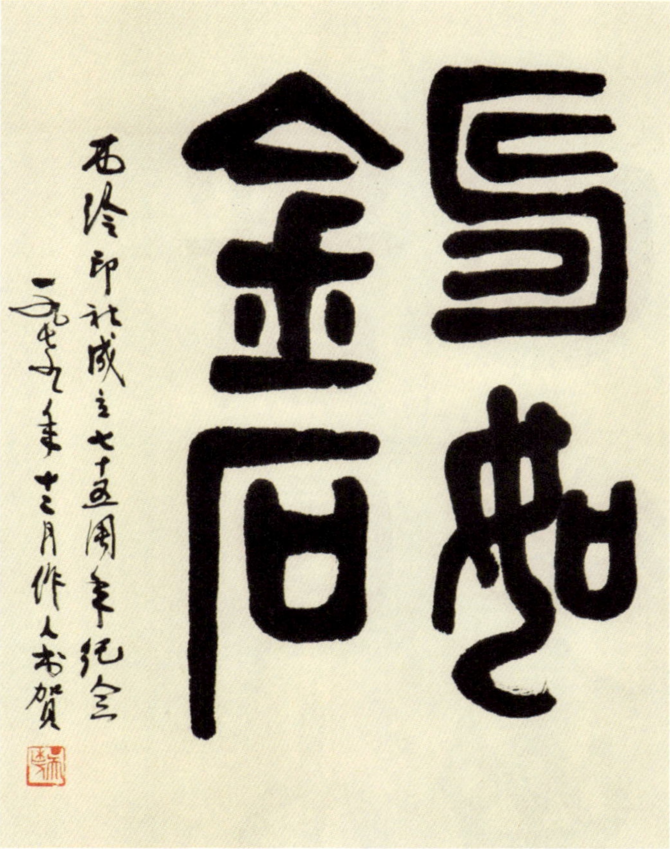

吴作人《寿如金石》

没有一个人民的军队，便没有人民的一切。
蔡谨士篆刻

刘江《春回大地·百花齐放》

西泠印社
单晓天篆刻

西泠印社
周哲文篆刻

第七章　会务简报

今天，我们透过泛黄的浸透油墨的纸页，翻阅这份粗糙的会务《简报》，虽说是旧闻，但在字里行间仿佛又看到了久远的热闹场景，依然能够感受到当年西泠印社艺术家们的喜悦之情。短短的几天相聚，社员们其乐融融，他们以简洁朴实的话语和对未来的信心，共同庆贺来之不易的文艺春天。这份《简报》无疑是研究西泠印社发展的重要实物资料。与会社员欢欣鼓舞的精神面貌，给大家留下了深刻不忘的印象。它也从一个侧面，浓缩了30多年前拨乱反正的中国文化艺术界的喜悦。

简　　报（第一期）

庆祝西泠印社成立七十五
周年大会秘书处编　　　　　一九七九年十二月八日

社员济济一堂　　大会隆重热烈

参加庆祝西泠印社成立七十五周年社员大会的社员和特邀代表，七日前纷纷从各地赶到会议地点——杭州花港饭店。到八日早上止，已到大会报到的社员51名，特邀代表6人。其中年龄最大的88岁，最轻的32岁。女同志二名。著名书法家沙孟海感冒未愈，即来参加大会。著名金石书画家王个簃、程十发、叶潞渊、钱君匋、陆俨少、朱屺瞻等，有的刚从北京开四次文代会回来不久，有的年逾古稀，也都兴冲冲地专程赶来。著名篆刻家罗福颐、邹梦禅，分别从北京和四川前来参加大会。热情支持、积极赞助印社事业的上海政法学院副院长曹漫之，工作很忙，也于七日晚匆匆赶来出席会议。著名金石书画家谢稚柳和陈佩秋夫妇，这次一同加入印社，一起出席大会。著名金石书画家诸乐三和儿子诸涵，这次也成了印社同人。有的因病、因事不能前来开会的社员，如著名书画家吴作人、李苦禅、安徽省委宣传部赖少其、上海复旦大学郭绍虞、上海市文化局沈柔坚、江苏省文联李进等，都寄来了作品，或写信、打电报向大会祝贺。

浙江人民出版社、省美协、浙江美术学院、上海书画出版社、北京荣宝斋等，派代表出席了大会。

到七日晚上止，大会共收到题词、贺信和社员作品56人74件。其中中央政治局委员、国务院副总理王震的题词是“发扬我国传统篆刻学艺术”。人大常委会付委员长周建人的题词是“百花齐放，推陈出新”。人大常委会委员赵朴初从电报中传来《敬祝大会成功》的贺诗一首：篆刻有道道非易，

博学始能精一艺。

清华雄浑见诗心，

奇正阴阳通画意。

印人结社重西泠，

七十五年观复兴。

传承岂止八家法，

境界方开千载新。

八日上午八时半，大会正式开始。由孙晓泉同志主持，王个簃老先生致开幕词。参加大会的省、市领导有：省委书记、省革委会副主任李丰平，省委副书记、省革委会副主任王芳、省委副书记薛驹，市委第二书记、市革委会主任陈安羽，市委书记、市革委会副主任周峰，市委付书记、市革委会付主任高峰，以及省、市有关部门领导商景才、于冠西、林淡秋、王黎夫、李远、柴及、孙可达等。王芳同志和陈安羽同志在会上讲了话。他们分别代表省、市委和省市革委会，向大会致热烈的祝贺，向到会同志亲切问候。

开幕式开得热烈、紧凑。到会同志深为省、市委对西泠印社的重视和关怀所感动，认为参加了开幕式，深受教育和鼓舞。有的老社员抚今思昔，忆及一九六三年的六十周年大会，不胜感慨，进一步痛恨林彪、“四人帮”，也感到今后任重道远，要更加奋发有为，为四个现代化出力。新社员感到能参加这次大会，非常光荣，一定要珍惜时间，把大会开好。

开幕式后，省、市委领导同社员及特邀代表一起摄影留念。

简　报（第二期）

庆祝西泠印社成立七十五周年
社员大会秘书处编　　　　一九七九年十二月九日

九日，大会分组讨论。大家在小组会上热烈发言，各抒已见，气氛十分活跃。会议厅里，不时传出热烈的掌声和爽朗的笑声。

大家表示同意孙晓泉同志代表印社所作的工作报告，认为听了曹漫之同志的讲话，很受教育，感触很深。启功同志说："孙晓泉同志的工作报告鼓舞人心，曹漫之同志讲话我非常赞成。粉碎"四人帮"后，我国的传统艺术重现光辉。这次大会，可以说是发扬民族精神的一次大会。我们一定要维护民族文化的威信，一定要继承和发展祖国优秀的传统艺术。印社全体社员都应当为印社多作贡献，留下作品。"沙孟海同志说："印社老前辈的名字大家都知道，但作品不容易见到。这有的是没有出版的问题，有的是因为作品失散了。要发动社员把老一辈的作品征集起来。"朱百行同志说："由于林彪、"四人帮"的破坏，我今年才得到了参加印社的机会。今后我保证为四化，为印社多出力量"。程十发同志说："这次大会，气氛非常融洽，相互之间很团结，深感今后一定要把主要精力放到创作和学术研究上。党和国家为西泠印社也为我们个人创造了很好的条件，我们应当更好地发扬自力更生的老传统，起印社独特的作用”。方去疾同志说：“可考虑每年创作一点精品，献给印社，这也是培养青年社员发扬传统和接好班的问题。”周哲文同志说：“林彪、四人帮摧残民族文化，这次我们欢聚一堂，共同商讨如何继承和发展传统艺术。真是往事不堪回首，今后大有奔头。福建的一些老篆刻家，都希望参加西泠印社，我回去后，一定把这次会议精神传达给他们”。陈佐夫同志说：“杭州社员是东道主，应当比其他地区的社员更多负一些责任，多出一些力量”。韩天衡同志说：“我在印社是‘小朋友’，能参加这次大会感到很侥幸，听了领导讲话和老前辈的发言，除欣喜外，还加强了责任感，决心登门向老前辈求教，并团结‘小朋友’，为繁荣金石书画艺术出力”。

小组会上，大家畅所欲言，以印社主人的态度，对印社过去的工作提了不少中肯的批评，对印社今后的发展提出了许多宝贵的建设性的意见。大家还认真讨论了社章草案，酝酿了理事候选人。

简　　报（第三期）

庆祝西泠印社成立七十五周年
社员大会秘书处编　　　　　　一九七九年十二月十日

省委第一书记铁瑛同志到会作重要讲话
学术讲座和大会发言受到欢迎

十日上午，大会举行学术讲座。讲座进行到一半时，省委第一书记铁瑛同志到大会来看望同志们，和大家亲切握手，并在会上作了重要讲话。他说：

"今天抽点时间来看看同志们。你们在这里举行书法、刻印、绘画经验交流，讲得很有兴趣。我到了这里，产生了一个感想，粉碎'四人帮'前的一九七四年，这里也开过一个会，在'四人帮'的插手下，搞篡党夺权。而现在却开经验交流会，这是粉碎'四人帮'后出现的新气象。粉碎'四人帮'后，各条战线都在大干快上，为四化出力。我们的国家是美丽的国家，需要有丰富的艺术品。我国的书法、篆刻、绘画有悠久的历史，日本都很重视。为了实现四个现代化，各条战线都需要人才，字写得好的，也应当交流经验，以便把几千年的历史传下来。

"在座的有好几位是高龄，面临一个重要的问题，就是培养接班人。每个同志都要培养，把你们的宝贵经验和技艺传给中、青年一代，特别是青年一代，把祖国的财产继承下来。一方面自己搞创作，一方面带徒弟，传授给子女也好。由于林彪、四人帮的干扰破坏，我们损失了十几年的时间，造成现在青黄不接。浙江有个画家，叫泮天寿，画了一幅秃鹫的画，就被江青打成特务。在那时，哪能画画、写字呀。粉碎'四人帮'后只三年时间，各条战线都在恢复发展，形势很好。

"希望大会开得成功，事业有新的发展。

祝同志们身体健康！"

铁瑛同志的讲话，使大家受到很大鼓舞。

在学术讲座上，沙孟海老先生以《试谈印学形成的几个阶段》为题，启功老先生以《对书法艺术的两点体会》为题，罗福颐老先生以《对古印章的认识》为题作了学术报告，受到热烈欢迎。方去疾同志也作了《明清篆刻流派简述》的书面报告。

下午，进行大会发言。王个簃老先生联系自己的经历，谈了切身感受。他说："我２０岁左右就喜欢搞诗书画。开始在家乡海门，后到南通。最初，认识了李苦禅，他是吴昌硕先生的学生，我的第一个老师。后又认识了陈书徵。可惜他４９岁就去世了。我后来到家乡教书，刻了印，托人带到上海，请昌硕先生看。昌硕先生很认真，一个个的加批语。这引起我来到上海。到上海后，我就住在昌硕先生家里。原来我自认为了不起，接触了昌硕先生后，这个思想一点也没有了。昌硕先生平时朋友多，每到夜深人静时，他就问我他们在金石书画方面讲了些什么？为什么这样讲？还叫我代笔写诗稿。我经常到晚上一点钟才睡觉。就这样，我从中学到了不少东西，当然还远远不够。

“前不久，我曾到杭州来看《吴昌硕作品展览》，一共看了三次，还同诸乐三先生一道去看。我们逐幅地看，逐幅讨论好在什么地方、为什么好，觉得自己对吴昌硕先生的艺术，还有许多地方没有领会。西泠印社是学术团体，大家应当好好学习。我虽然七十多了，但还不算老，还可以干一、二十年。青年人已经赶上来了，我们不努力，怎么说得过去。”

王个簃老先生最后激情地朗诵了一首诗：

杂而不精是我病，
不能误认有全能，
长征路上争大干，
老兵迈步学中青。

谢稚柳老先生也在会上即席发言，谈了自己参加大会的感想。他最后提出，西泠印社是学术团体，要很好开展学术研究，要有一些批评家。会上，荣宝斋和上海书画出版社、浙江人民出版社的代表，热情向大会表示祝贺，分别介绍了在日本举办展览会的情况以及各自的编辑出版情况。在会上发言的还有王伯敏同志。

简　　报（第四期）

庆祝西泠印社成立七十五周年
社员大会秘书处编　　　　　　一九七九年十二月十一日

集思广益　各抒已见

在十二月八日的分组讨论中，大家提出了不少意见，有建议、有批评、有分析，现摘要如下：

△　西泠印社与别的团体不同，它一开始就有国际友人参加，我们也要继承这个传统。现在外国人也有要求来入社的，如新加坡的、日本的。

△　西泠印社在国内外一直有很大影响。要好好出一本介绍西泠印社的册子，讲究一点，送外宾。

△　培养青年人接班，很重要。特别是杭州的社员，要培养一批新生力量，而且要有一定水平。

△　每个社员每年搞一些精品，由印社处理，或可对外展销。对外搞社员作品展销，不光为了经济，也可扩大影响。

△　办好印社是全体社员的职责和义务，印社要依靠社员大家出力。印社接受外宾刻印业务，也可分别寄给外地社员，刻好后由

印社寄给外宾，这笔收入归印社作基金。

△ 西泠印社有自力更生的传统，在旧社会搞募捐，今天在党的领导下，有发展的条件，但仍要坚持自力更生，大家有钱出钱、有力出力。

△ 这次会上，可给每人二、三方图章，边款刻上吉利句子，再交给印社，给外宾刻名字用。也可刻成语，作为成语章出售。

△ 西泠印社收藏多，可整理出版丛书。超过百年的文物应好好保存，在一定条件下开放，让专家们研究学习。要造大些的房子，经费由大家创作作品出售后积累。

△ 印社条件好了以后，还可出售介绍西泠印社的录音带。

△ 宣纸是中国的好，但供不应求，扩大宣纸加工，印社有很大潜力。可以加工生产西泠宣纸，也可办西泠笔厂，生产文房四宝。产品要做出牌子来，非常注意质量。

△ 《西泠艺丛》第一期质量不够，要提高。《四家印谱》有差错，校对要注意。建议成立艺委会。印社出版书籍，影响很大，要严肃认真。

△ 西泠印社藏品很珍贵，经常翻借要损坏，可搞复制品，首先供应社员。

△ 现在社员分布不匀，江浙两省多一点，今后可发展到二百左右。

△ 印章要有释文，注重效果，为工农兵服务。市场上工具书不足，如印谱资料、查篆字的资料都缺印社出版社可考虑出版一点。

△ 可编一本印人外史，如可请王个簃先生写吴昌硕的许多小故事。朱屺瞻先生也可写有关齐白石的事情。

· 2 ·

△ 可把各种印章篆字的变法集中起来，把整方印章都放上去，代替六书通，由印社组织人搞。印社还可出版附有社员照片的作品选。

△ 吴昌硕作品选要编年出，系统出，要有学术性，要有考证。

△ 通过外贸出口关卡多，西泠印社要自力更生，一定要独立，要有独立的社会和国际地位，要争取外籍金石书画家参加印社。出版要有国际市场。要用西泠印社的名义去打开市场。西泠印社的招牌要垄断，这是老祖宗留给我们的。这方面工作要具体规划。

△ 《三代吉金文存》《十钟山房印举》都可选其精者，分几册出，也可分成大、中、小型几种选本。四体书也可合出。

△ 日本现代绘画受西方影响很大，现在中日交往多起来，西泠印社要支持日本民族文化的复兴。

△ 印社历史、前辈名字大家都知道，但作品见不到，是否能把老社员的作品都征集起来。

△ 《西泠艺丛》要配备足够的编辑力量，计划要落实。

△ 孤山有个"湖天一碧"，可否划给西泠印社，现在属水上派出所，大门长年关着。

△ 大会开过后，工作要跟上去，西泠印社要成为创作的组织者、鼓舞者、宣传者，

△ 收集社员作品要由专人负责。

△ 要有专人负责了解社员学术研究、创作活动的内容，尤其年老社员，可搞个内部通讯。

·3·

简　　报（第五期）

庆祝西泠印社成立七十五周年
社员大会秘书处编　　　　　　　一九七九年十二月十三日

大会第四天，进行了篆刻书画创作活动。整个活动都在会议厅进行。

活动开始后，八十八岁的朱屺瞻老先生第一个走近画桌，用有力的笔触，画了一枝挺秀的墨竹。画完后，他兴奋地告诉大家："我寥寥几笔，画一枝竹。竹和祝谐音，以此庆祝西泠印社成立七十五周年。"接着，八十三岁的王个簃老先生在墨竹旁画了一株苍劲的松树。王老先生虽然白发苍苍，但他的画笔如行云流水，潇洒自如，一株挺拔的松树一气呵成，表达了祝愿印社长寿的心意。在王老之后，诸乐三老先生熟练地画了一枝报春的红梅，象征印社百花争艳的春天已经到来。陆俨少老先生用严谨的笔法，在画幅上画了一块岩石，祝愿印社"寿如金石"。谢稚柳老先生流利地画了两朵怒放的牡丹，以示印社欣欣向荣，祖国繁荣富强。曹简楼、程十发、陈佩秋三位画家还各画了灵芝、水仙和兰花。最后，谢老对整幅画进行了润色。王老在画上题了一首诗："快哉大地春回日，万紫千红放百花，看到前程堆锦绣，富强康乐祝新华”。沙孟海老先生在画上题了字：“东风浩荡”。至此，巨幅国画宣告完成，整幅画看上去气势磅礴，春意盎然，虽出自八人之手，却浑然一体，受到普遍赞扬。

在其他桌子旁，各位画家、篆刻家、书法家也都紧张地创作。沙老先生写了“笔歌墨舞”、“翰墨千秋”两幅字，龙飞凤舞，苍劲挺秀。启功老先生不停地写，一个上午就写了七、八幅，幅幅秀劲，显得功底深厚。钱君匋老先生刻了印章，又绘画，画好画，又写字。叶潞渊、方去疾、高式熊联合创作了一方印章“大欢喜”。茅大容、韩天衡两位印社新秀，也认真篆刻了印章。陈左夫、陈仲芳等同志，抑止不住创作激情，连中午也不休息。

在到会金石书画家的努力下，一天之内共创作了画42幅（包括册页），字72幅，印18方。点缀得整个会议厅琳琅满目，美不胜收。

十二日，大会组织社员参观游览。上午，到孤山西泠印社。大家在三老石室旁边、文泉前面的平台上，赏景喝茶，共叙友情。王个簃、诸乐三和沙孟海这三位吴昌硕的弟子，触景生情，更加怀念他们的良师。王老和诸老当场合作了一幅《梅石》，沙老在画上题词：“梅之清石之寿，盛世文明信今传后”。朱屺瞻、谢稚柳、陆俨少、程十发等书画家，或个人、或合作，也兴趣盎然地创作了《松竹石》、《西湖女神》等画。王老、沙老和诸老还在“汉三老石室”前摄影留念，被人赞为“后三老”。

这天下午，先参观吴昌硕作品展览，后游览岳飞墓和灵隐。

十三日上午，进行了选举，产生了理事会。理事有（按姓氏笔划）：王个簃、马国权、方介堪、方去疾、叶潞渊、刘江、吕国璋、朱复戡、孙晓泉、启功、沙孟海、陈佩秋（女）、张英臣、罗福颐、周哲文、高式熊、唐云、诸乐三、钱君匋、程十发、谢稚柳。

接着，召开了第一次理事会，一致推举赵朴初担任名誉社长。选举了社长、付社长，组成常务理事会。社长由沙孟海担任，副社长有（按姓氏笔划）：王个簃、方介堪、方去疾、孙晓泉、启功、诸乐三、钱君匋、程十发。理事会还一致推举吴作人、曹漫之、谢稚柳、郭绍虞、胡铁生五同志为印社顾问。

下午，举行了闭幕式。参加闭幕式的省、市委，省、市革委会，省、市政协的负责人有：张敬堂、陈安羽、毛齐华、何克希、周峰、高峰等，还有省、市有关部门负责人于冠西、孙可达、商向前、郭仲选等。闭幕式由商向前同志主持，沙孟海同志致闭幕词。张敬堂同志在会上讲了话，向大会表示祝贺，着重指出繁荣、发展金石书画以及创造高水平的文化艺术同"四化"的关系，勉励大家认真学习，努力创作。

下午，还举行了授奖仪式。这次社员大会前，王个簃老先生向国家捐献了吴昌硕、八大山人、董其昌等珍贵字画三十件。会上，市委书记、市革委会副主任周峰，代表市委、市革委会讲了话，向王个簃老先生表示感谢，并发给他奖状和奖金。王老在会上激动地表示：我对西泠印社有非常深厚的感情，把昌硕先生的作品捐献出来，让大家欣赏，是最愉快的事情，也是我的心愿。我还有一些昌硕先生的作品，没有归还我。以后归还了，我一定全部捐献出来。王老的话赢得全场热烈的掌声。

下午四时，大会胜利闭幕。会后，观看了浙江电视台为这次大

·3·

会特摄的部分录象。

第八章　西泠名家

西泠印社是一个面向全国的民间团体，社员来自全国各地。本次大会共有社员72人（社员名单据大会公布的统计列出），其中老社员24人（到会18人），新社员48人（到会32人），包括特邀代表6人亦被大会视为新社员，有中共安徽省委宣传部赖少其、上海市文化局沈柔坚、上海市手工业局胡铁生、江苏省文化艺界联合会李进、中共杭州市委统战部郭仲选、中国人民政治协商会议杭州市委员会商向前。这次大会，社员人数虽然不多，但其分布和构成，具有较广泛的代表性，使得西泠印社更具影响力，更具特色。

老社员

（浙江）沙孟海　诸乐三　孙晓泉　许钦文　张英田　陆维钊　方介堪　任小田　吴寅　刘江　**（上海）**王个簃　方去疾　叶露渊　江成之　胡佐卿　唐云　高式熊　钱君匋　钱镜塘　徐家植　程十发　褚保权（女）　**（南京）**丁吉甫　**（甘肃）**邹梦禅

新社员

（浙江）余任天　陈左夫　陈仲芳　李伏雨　周昌谷　郁重今　林乾良　茅大容　姜东舒　徐润芝（女）　诸涵　黄涌泉　郭仲选　商向前　吕国璋　丁茂鲁　王伯敏　朱关田　**（上海）**朱屺瞻　陈佩秋（女）　陈巨来　陆俨少　单孝天　顾廷龙　郭绍虞　曹漫之　曹简楼　谢稚柳　韩天衡　沈坚柔　胡铁生　**（北京）**吴作人　启功　李苦禅　萧淑芳（女）　罗福颐　赵朴初　徐之谦　顿立夫　**（江苏）**李　进　宋文治　张寒月　蔡谨士　高石农　**（安徽）**赖少其　**（福州）**周哲文　**（山东）**朱复戡　**（香港）**马国权

沙孟海（1900—1992），原名文若，字孟海，号石荒、沙邨、决明，浙江鄞县沙村人。时为浙江省文物管理委员会委员。出生于名医书香之家，幼承庭训，早习篆刻。曾任浙江省文物管理委员会常务委员、浙江省博物馆名誉馆长、中国书法家协会副主席、浙江省书法家协会主席、西泠书画院院长、浙江考古学会名誉会长等职。其书法兼擅篆、隶、行、草、楷诸书，所作榜书大字，雄浑刚健，气势磅礴。沙氏学问渊博，于语言文字、文史、考古、书法、篆刻等均深有研究。1979年起任西泠印社社长。

诸乐三（1902—1984），原名文萱，字乐三，号希斋，别署南屿山人。浙江安吉鹤溪村人。时为中国美术学院教授。中医专门学校毕业，拜缶翁为师，为吴昌硕入室弟子，于课余攻习书画篆刻。后弃医以美术教育为事，前后历60余年。任中国美术学院教授、浙江省政协常委、西泠书画院副院长、中国书法

与会社员在《东风浩荡》图前合影

飛來山上千
說雞鳴見日
浮雲遮望眼
在最高層

家协会名誉理事、中国美术家协会浙江分会副主席、中国第四次文代会特邀代表。1979年起任西泠印社副社长。

孙晓泉（1919—2015），山东临沂人。曾读私塾、中学，爱好文学、书法。时任杭州市文化局长。1944年参加革命，1949年随军渡江南下，杭州解放后留杭工作。曾任中共杭州市委宣传部副部长、杭州市文化局长、浙江省文学艺术联合会副主席、中国作家协会浙江分会副主席、《西湖》主编等职。1963至1982年任西泠印社副社长兼秘书长。

许钦文（1897—1984），原名许绳尧，浙江绍兴人。时为浙江省文学艺术联合会副主席。毕业于杭州省立第五师范学校，留任母校附小教师。鲁迅先生"私淑弟子"，从事鲁迅著作的研究。曾任杭州高级中学、成都美术学校、福建师范、福州协和大学教师、浙江师范学院教师。1955年起先后任浙江省文化局副局长、中国作协浙江分会副主席、浙江省文学艺术联合会副主席、民进中央执行委员、民进浙江省委副主任委员。1963至1978年任西泠印社副社长。

张英田（1923—2008），山东省泰安市肥城安驾庄镇人。时任浙江省文物管理委员会副主任。1939年2月参加革命，曾任太安县抗日小学教员、县八路军工作团团员、县抗日青年救国团团长，平阴县抗联副主任、县委组织部长，浙江省寿昌县委、遂安县委副书记、分水县委代书记，浙江省图书馆党支部书记兼副馆长、浙江省文化局副局长、浙江省文物管理委员会副主任、浙江省图书馆学会理事长等职。

陆维钊（1899—1980），原名子平，字微昭，晚年自署劭翁。浙江平湖人。时为浙江美术学院教授。精书法，擅山水、花卉、治印。南京高等师范文史地部毕业。曾在圣约翰大学、浙江大学、浙江师院、杭州大学任教。浙江美术学院教授，是我国现代高等书法教育的先驱者之一。曾任政协浙江省三、四届委员，中国美术家协会浙江分会理事。

方介堪（1901—1987），名严，原名文榘。浙江泰顺人，居温州城区。时为温州市文物管理委员会主任。工书，能画，尤长于篆刻。早年师事谢磊明，25岁赴上海，从师赵叔孺，曾为故宫博物院编辑、上海艺术专科学校教授。新中国成立后，任温州市文管会副主任、主任，温州博物馆馆长。1979年起任西泠印社副社长。

任小田（1903—1989），别名文辉，字耀人。浙江省海盐县武原镇人。擅书画。幼受家学熏陶，少时即习篆刻。18岁从王英伯学医，专治妇科。20余岁赴上海亲聆吴昌硕教诲。1964年由张宗祥推介加入西泠印社。

吴寅（1903—1999），浙江省杭州市人。叶为铭表弟，曾协助设计西泠印社庭园景观。时任杭州市设计院副院长。浙江省著名古建筑专家。擅国画、篆刻。抗战胜利后任杭州市工务局副局长等职，从事杭州的市政建设。新中国成立后，与苏联专家一起对杭州城市建设设计总体规划方案，先后参与钱江海塘建设、六和塔、灵隐大殿、苏堤、白堤、湖滨公园、西山公园及大量市政工程的设计与建设。吴寅是首届西湖博览会的设计者之一。

刘江，1926年7月生。原名佛奄，号湖岸、知非。幼承家学，酷爱书画。时为浙江美术学院讲师。1945年中等师范毕业后，考入重庆国立艺术专科学校预科习绘画，1949年投笔从戎，1957年复学于浙江美院国画系，得校长潘天寿教授书法、篆刻。1961年毕业，留校任教书法、篆刻等课程。曾任中国书协创作评审委员、中国书法家协会理事、浙江书法家协会副主席、中国书法教育研究会副理事长、浙江书法教育研究会理事长。现为中国美术学院教授。1983至2013年任西泠印社副社长，2013年起任西泠印社执行社长。

王个簃（1897—1988），名贤，字启之，江苏省海门市人。时为上海中国画院副院长。16岁到南通求学，笃好诗文、金石、书画。27岁由诸宗元介绍，去上海为吴昌硕西席，兼从吴学书画篆刻，为入室弟子。曾任上海新华艺术大学、东吴大学、昌明艺术专科学校教授，上海美专教授兼国画系主任。新中国成立后，任上海中国画院副院长、名誉院长、中国美术家协会理事、美术家协会和书法家协会上海分会副主席，上海文史馆馆员等职。为全国政协三、四、五届委员。1963年起任西泠印社副社长。

方去疾（1922—2001），原名正孚、超、之木，号心斋、四角草堂、宋玺斋、岳阳书楼等，浙江温州人。时为上海书画出版社编辑。擅书法、篆刻，致力于印学研究，贡献卓著。历任上海书画出版社编审、中国书法家协会副主席、上海市书法家协会副主席、上海市文化艺术联合会副主席等职。1979至1983年任西泠印社副社长兼副秘书长，1983年起任西泠印社副社长。

叶露渊（1907—1994），原名叶丰，又名路渊，号露园。江苏吴县人。时为上海中国画院画师。擅书画篆刻，师从赵叔孺。中国美术家协会会员、上海美术家协会会员、上海书法家协会名誉理事、上海文史研究馆馆员。

江成之（1924—2015），原名文信，以字行。号履盦，别署亦静居。浙江嘉兴人。时为上钢三厂一轧车间技术员。王福庵弟子，擅书法篆刻。中国书法家协会会员、上海市文史研究馆馆员、上海市书法家协会顾问。

胡佐卿（1901—1979），号主静居士，室名敏求室。浙江杭州人。博闻精鉴，富收藏。

唐云（1910—1993），字侠尘，别号药城、药尘、药翁、老药、大石、大石翁，画室名大石斋、山雷轩，唐云是他成为画家后用的名字。浙江杭州人，居沪。时为上海中国画院副院长。1938至1942年先后在新华艺术专科学校、上海美术专科学校教授国画。后弃职，专事绘画。1949年后历任上海市美术家协会副秘书长、展览部部长，上海美术专科学校国画系主任，上海博物馆鉴定委员。曾任中国美术家协会理事，中国美术家协会上海分会副主席，中国画研究院院务委员，上海中国画院副院长、名誉院长等职。1960年出席第三次全国文代会，1979年出席第四次全国文代会。

高式熊，1921年生。浙江鄞县人。擅书法、篆刻。时为上海书画出版社编辑。中国书法家协会会员、上海市书协顾问、上海市文史研究馆馆员、上海民建书画院院长、棠柏印社社长。1983至2003年任西泠印社副秘书长，2003年起任西泠印社名誉副社长。

钱君匋（1907—1998），名玉堂、锦堂，字君陶，号豫堂、禹堂、午斋，室名无倦苦斋、新罗钱君陶山馆、抱华精舍。浙江桐乡屠甸镇人。时为上海文艺出版社编辑。鲁迅的学生。擅篆刻、书画、装帧艺术。曾任上海市政协委员、上海市书法家协会常务理事、上海市美术家协会常务理事等职。1979年起任西泠印社副社长。

钱镜塘（1907—1983），原名钱德鑫，字镜塘，以字行，晚号菊隐老人，浙江海宁硖石人。善画，能治印，爱好诗词戏曲。擅书画鉴定收藏，独资经营书画，收藏历代金石书画。1960年代曾应聘任嘉兴县文物管理委员会委员。

徐植（1921—2014），字慕熙，别名家植，别署半规斋。湖南长沙人，居上海。时为上海卢湾中学教师。少得赵叔孺诸名宿教，擅书法篆刻，王福庵入室弟子；兼工丹青花鸟，系江寒汀、陆抑非两大家之入室弟子。为上海市文史研究馆馆员、中国书法家协会会员等。

程十发（1921—2007），名潼，斋名曾用步鲸楼、不教一日闲过斋，后称三釜书屋、修竹远山楼。上海市金山区枫泾镇人。时任上海中国画院画师。1941年毕业于上海美术专科学校中国画系。1952年入上海人民美术出版社（华东人民美术出版社）创作员，1956年参加上海画院的筹备工作，并任画师。历任上海美术家协会副主席，长期任上海中国画院院长。1979年起任西泠印社副社长。

褚保权（1903—1990），女，字平君，浙江余杭人，褚德彝之女，渊源家学，系出名门，工书，楷法褚遂良。沈尹默夫人，伉俪书法酷肖。

丁吉甫（1907—1984），原名丁守谦，江苏省南通县骑岸镇人。1958年，上海美术专科学校迁往南京，更名为南京艺术学院，丁吉甫被调去该校工作。其间曾任中共南京艺术学院党委委员、学院办公室主任、美术系党支部书记、系主任。为中国美术家协会会员、中国书法家协会会员、江苏美术家协会理事、江苏书画家协会副主席、江苏对外文化艺术联合会理事。

邹梦禅（1905—1986），原名敬栻，一作敬式，字悼堪，号今适，又号大斋、鉼庐，别署迟翁。浙江瑞安人。中学毕业后任职于浙江省图书馆。1930年任上海中华书局《辞海》编辑。1952年任上海市光明中学语文教研组组长。1958年因直言遭祸，举家下放甘肃山丹县位奇镇汪庄村20年之久。1978年回杭定居。为中国书法家协会会员、浙江省书法家协会名誉理事、西泠书画院特聘书法家、浙江分会名誉理事、浙江篆刻研究会顾问。

余任天（1908—1984），曾用名栎年，字天庐，居室名任、归汉室、嘉砖砚斋，浙江诸暨人。时为浙江美术家协会画师。擅绘画书法、篆刻、诗、文物鉴赏和书画理论等。曾任中国美术家协会会员、中国书法家协会会员、杭州市美术家协会副主席、西泠书画院特聘画师、杭州逸仙书画社社长、浙江省文史研究馆馆员。

陈左夫（1912—1998），名浩然。因左手操刀，故字"左夫"，后以字行。江苏启东人。时为杭州瑞金中学退休教师。才华过人，尤笃嗜篆刻。早年学习经济，毕业于上海复旦大学。曾任湖州中国银行行长。中年供职教育界，任教于杭州瑞金中学。曾为浙江省书法家协会顾问、中国书法家协会会员、浙江省文史研究馆馆员。

陈仲芳，1928年生于浙江义乌，客居杭州。号盈君，别署四不翁、无闲室主。时为杭州群英无线电厂美工。书画世家，幼承家学，擅书画篆刻。1958年进杭州金石书画社。浙江逸仙书画院高级画师、浙江篆刻创作委员会顾问、中国书法家协会会员等。

李伏雨（1924—1995），曾用名康球、胡雨。湖南长沙望城人，居杭。1945年于重庆考入国立艺专，1950年毕业于浙江美院西画本科。1947年10月创办《艺专旬报》，任主编。1949年曾任江东通讯社社长兼主编。曾先后在杭州多所中学任教。1976年10月调入西泠印社编辑部，任美工、编辑。曾任杭州市一届人大代表、杭州市政协四届常委、杭州市文化艺术联合会委员。

周昌谷（1929—1985），号老谷。浙江乐清人。时为浙江美术学院副教授。自幼喜爱诗文书画，1948年考入国立 艺术专科学校，毕业后留校任教。历任浙江美术学院教授、中国美术家协会理事、浙江美术家协会副主席等职。其代表作《两个羊羔》荣获第五届世界青年联欢节金质奖章。

郁重今，1928年生。字西林，江苏海门人。1956年，“公私合营”首任上海“功德林”饭庄公方经理。1963年调至西泠印社财务科工作，受业于韩登安学篆刻。1976年调入西泠印社编辑部任编辑。中国书法家协会会员、浙江省篆刻创作委员会顾问。

林乾良，1932年10月生。别名林冷伊堂、印迷。福建福州人。时为浙江省中医学院教授。毕业于浙江医科大学，业医而酷爱篆刻、书画，拜陆维钊、韩登安、沙孟海为师。现为中国书协会员，西湖印社、龙渊印社及美国金石社之名誉社长。

茅大容，1946年9月生。别署纳斋，浙江杭州人。师承韩登安。1977年入西泠印社篆刻创作室。中国书法家协会会员、浙江省书法家协会篆刻创作委员会顾问。

姜东舒（1923—2008），笔名苏东，别名梦蟾，别署听雨楼主。山东乳山人。时供职于浙江图书馆。1944年参加革命，历任山东军区、华东军区政治部文工团演员、编剧，《新民主报》记者，《浙江日报》军事组长，浙江文联组联部副部长、编辑组副组长，《浙江文艺》副主编等 。1958年，被打成“右派”（1972年改正），在浙江图书馆做临时工，后被西泠印社社长张宗祥收为关门弟子。擅篆、隶、楷、行各体，兼事书论 。中国书法家协会会员，曾任中国硬笔书法家协会主席、浙江省书法家协会副主席、浙江省钱江书法研究会会长、文澜书画社社长、杭州钱江书会会长、浙江省政协诗书画之友社顾问、山东《羲之书画报》名誉社长、浙江省人大常委会办公厅咨询、浙江图书馆研究馆员。

徐润芝（1927—2011），女，笔名澄之、纫芝，斋名曙霞楼。浙江衢州人。时供职于浙江省博物馆。1950年毕业于浙江大学文学院中文系，从陆维钊学书法，从夏承焘学诗词。毕业后在浙江省博物馆工作，浙江省博物馆副研究馆员。中国书法家协会会员、浙江书法家协会常务理事、西泠书画院特聘书画师、浙江省书学研究会副会长、浙江省诗词学会理事。

诸涵（1929—2012），字桂樵，别名大声，浙江安吉人。时浙江美术学院讲师。擅长中国画、油画。1948年入杭州国立艺术学校，1954年毕业于中央美术学院。先后任教于武汉水运工程学院、湖南大学、华南工学院建筑系、广州美院。随父诸乐三学习书画，后师从王个簃。中国书法家协会会员、中国美术家协会会员、西泠书画院特聘书画师、浙江华夏书画学会常务副会长、安吉吴昌硕书画研究会顾问。

黄涌泉（1927—2005），字允尧。浙江嘉善人。时供职于浙江省博物馆。能诗，工书画，擅长鉴定。浙江省博物馆研究员。曾任中国文化艺术品鉴定委员会委员、上海教育学院《中国画学丛书》编委、余绍宋研究会顾问。

郭仲选（1919—2008），山东苍山人。时为中共杭州市委统战部长。1937年毕业于山东临沂师范学校，“七七事变”后投笔从戎，于1938年参加八路军。1949年随军南下，至杭州转业从政。历任中共杭州市委宣传部副部长、市委副秘书长、党校党委书记、统战部部长和市人民政府秘书主任、副秘书长、文化教育局副局长、市政协副主席等职。曾任中国书法家协会第二届理事、浙江省书法家协会主席、浙江省文史研究馆馆长、浙江省书法家协会名誉主席。1983至1992年任西泠印社副社长，1993年起任西泠印社常务副社长。

商向前（1908—1998），原名天一，艺名老蚕。山东临沂人。时为杭州市政协副主席。新中国成立前历任中共费县一区区委书记、临费县委书记、四县边区第一区区长、费县县政府政务秘书、赵博县县长、白彦县县长兼县委书记。1949年随军南下，历任杭州市政府秘书主任，市文化教育局副局长，党组书记，市中级人民法院院长（市委委员），统战部部长，一，二，四届杭州市政协副主席等职。中国书法家协会会员，浙江省书协顾问，杭州市政协书画会会长，黄宾虹学术研究会顾问。

吕国璋，1927年1月生。上海人，1947年考入国立艺专本科，1948年为中共艺专地下党支委，1949年起任杭州市多所中学及杭州艺校领导。擅长书法、绘画、篆刻。1963年任杭州书画社主任，1979至1984年任西泠印社办公室主任。1979年任西泠印社副秘书长，1983至2003年任西泠印社秘书长，2003年起任西泠印社名誉副社长。曾任浙江省书协顾问。曾获日本文部大臣赏状。

丁茂鲁，1936年2月生。曾用名丁茂隆，室名可意斋。上海人，原籍浙江黄岩。擅长书法、篆刻、国画写意人物， 1959年毕业于浙江美术学院中国画系人物科并留校任教，1963年调西泠印社工作。1988至1990年任西泠印社办公室主任，1983至1993年任西泠印社副秘书长。中国书法家协会会员，曾任浙江书法家协会理事、浙江美术家协会理事、杭州市美术家协会副主席。

王伯敏（1924—2013），别名柏闽，笔名田宿蘗，斋号半唐斋。浙江台州人。时为中国美术学院教授。1947年毕业于上海美专。后赴北平艺术专科学校研究班深造，既是徐悲鸿的研究生，又是黄宾虹的弟子。1952年起任教于浙江美术学院（今中国美术学院）。著有近六十种专著，逾千万字，为中国美术史学泰斗。任中国美术学院教授、美术学博士生导师，中国国家画院院士、敦煌研究院兼职研究员、杭州画院名誉院长、中国国际茶文化书画院名誉院长。

朱关田，1944年3月生。字曼倬，浙江绍兴人，师陆维钊、沙孟海、诸乐三等。1961年7月浙江美术学院书法专业毕业， 1972年1月入杭卅书画社（西泠印社）工作，1979年8月就读于浙江省美术学院书法专业研究生。曾任浙江省书法家协会主席，中国书法家协会评审学术委员会主任，中国书法家协会第

四、五届副主席。1993年起任西泠印社副社长。

朱屺瞻（1892—1996），名增钧，号起哉、二瞻老民。斋名梅花草堂、癖斯居、养菖蒲室、修竹吾庐。时为上海中国画院画师。曾任上海美术家协会常务理事、中国书法家协会理事、中国美术家协会顾问、上海文史研究馆馆员、上海师范大学艺术系教授、西泠印社顾问等。

陈佩秋，女，1922年生。字健碧，室名秋兰室、高华阁、截玉轩。河南南阳人。时为上海中国画院画师。擅画花鸟、山水画，亦擅长古画鉴定。谢稚柳夫人。1950年重庆国立艺术专科学校毕业，入上海市文物管理委员会工作。中国美术家协会会员，历任上海大学美术学院教授、上海中国画院艺术顾问、上海美术家协会艺术顾问、上海书法家协会艺术顾问等。

陈巨来（1904—1984），原名斝，字巨来，后以字行，号墒斋，别署安持，安持老人、牟道人、石鹤居士，斋名安持精舍，浙江平湖乍浦镇人，寓居上海。时为上海中国画院画师。篆刻初从嘉兴陶惕若，后入赵叔孺门下。篆刻、书画，能诗。1980年9月被聘为上海市文史馆馆员。

陆俨少（1909—1993），又名砥，字宛若，上海嘉定县南翔镇人。擅长中国画。时为上海中国画院画师。1926年肄业于无锡美术专科学校，1927年考入无锡美专学习。新中国成立后画连环画，1956年后为上海中国画院画师，1962年起兼课于浙江美术学院，1980年为浙江美术学院教授。浙江画院首任院长，第六届、七届全国人大代表，中国美术家协会理事。

单孝天（1921—1994），字琴宰，一字寄闇，别署遂在楼、春满楼主、渴庐，浙江绍兴人，幼年随父定居上海。上海工艺美术公司职工。乃邓散木高足，擅篆刻，工书，尤精小楷，善画兰。

顾廷龙（1904—1998），号起潜。苏州人。时为上海图书馆馆长。长期致力于古典文献学、版本学和目录学的研究，亦擅书法。曾任燕京大学图书馆中文采访主任。1939年与人共同创办上海合众图书馆，任总干事。后兼任暨南大学、光华大学教授。新中国成立后，历任上海历史文献图书馆馆长、上海图书馆馆长，华东师范大学、复旦大学兼职教授，《中国古籍善本书目》主编，文化部国家文物鉴定委员会委员。

郭绍虞（1893—1984），原名希汾，字绍虞，江苏苏州人。时任复旦大学中文系主任。主要致力于中国古典文学、中国文学批评史、中国语言学、音韵学、训诂学、书法理论等方面的研究。20世纪20年代初，与茅盾、叶圣陶等创立文学研究会。1949年起，任同济大学文学院前院长，复旦大学中文系主任、图书馆馆长、文学研究室主任等，上海市文学艺术界联合会副主席，中国作家协会上海分会副主席，上海语文学会副会长，上海文学研究所所长，《辞海》副主编等。

曹漫之（1913—1991），原名曹元鹏，山东省荣成市成山镇一村人。时为华东政法学院副院长。曾任山东人民抗日救国军第三军政治部主任、胶东北海区保安司令员、胶东区支前司令员。1949年5月上海解放，他被任命为上海市军事管制委员会政务接管委员会副主任，之后，又任中共上海市人民政府党组成员、第一副秘书长兼民政局局长、市人民政府区政指导处处长。1952年，在“三反”运动中，受到错误处理，调离上海市委，在华东政法学院教授法学。先后担任过上海市政协常务委员兼法制研究委员会副主任、华东政法学院副院长、《法学》杂志主编、中国青少年犯罪学研究会会长、中国社会学学会顾问等职。

曹简楼（1913—2005），原名镇，号剑秋，斋名读有用书斋、用恒室。江苏南通人。王个簃弟子，擅长中国画、书法、篆刻。为上海中国画院画师、中国美术家协会会员、上海文史馆馆员、吴昌硕研究会副会长。

谢稚柳（1910—1997），原名稚，字稚柳，后以字行，晚号壮暮翁，斋名鱼饮溪堂、杜斋、烟江楼、苦篁斋。江苏常州人。时为上海市文物管理委员会委员。擅长书法及古书画的鉴定。历任上海市文物保护委员会编纂、副主任、上海市博物馆顾问，中国美协理事、上海分会副主席，中国书法家协会理事、上海分会副主席、国家文物局全国古代书画鉴定小组组长、国家文物鉴定委员会委员等。

韩天衡，1940年5月生。号豆庐、近墨者、味闲。江苏苏州人，擅书画，工篆刻，从方介堪、方去疾治金石及印学。时为上海书刻会会员。曾任上海市书法家协会副主席、上海中国画院副院长，中国书法家协会理事、篆刻艺术委员会副主任，上海市文联委员等。1993年起任西泠印社副社长。

沈柔坚（1919—1998），福建诏安人。早年在鲁迅倡导下创作版画。1938年春赴皖南前线参加新四军，在军部战地服务团任绘画组组长。新中国成立后历任中国美术家协会常务理事、上海美术家协会主席、中国版画家协会副主席、上海市文化局副局长、上海市文化艺术联合会副主席、《辞海》美术科目主编，《中国美术辞典》主编等。

胡铁生（1911—1997），原名克熙，自号攀熊，笔名友石、关聋，石道人，石庐主人、鲁人、老铁，山东烟台福山人。时任上海市手工业管理局局长。书法擅长篆、魏碑，师范毕业后任小学教员。“七七事变”后，弃教从军，历任八路军所属部队侦察员、参谋、参谋主任、后勤部长、参谋长、胶东军区海防处长等职。1949年接管上海时，任外贸军事代表、华东外贸总公司副总经理。福建解放后，任福建省商业厅厅长兼福建省贸易总公司总经理。1953年9月起，调任上海市商业局局长、市财办副主任兼第一商业局局长、中共上海市委第一届候补委员，并两次出任上海市手工业管理局局长，随后当选手工业联社主任、上海市政协常委。

吴作人（1908—1997），安徽宣城泾县人，生于江苏苏州。1926年入苏州工业专科学校建筑系，1927至1930年初先后就读于上海艺术大学、南国艺术学院美术系及南京中央大学艺术系，师从徐悲鸿。曾任中央美术学院教务长、副院长、院长、一至六届全国人民代表大会代表和六届人大常务委员，第七届中国人民政治协商会议常务委员，中国民主同盟中央委员会常委、文化委员会主任等，中央美术学院名誉院长，中国美术家协会主席。

启功（1912—2005），字元白，也作元伯，号苑北居士，北京市人，满族。雍正皇帝的第九代孙。时为北京师范大学教授。曾任中国人民政治协商会议全国委员会常务委员，国家文物鉴定委员会主任委员，中央文史研究馆馆长，九三学社顾问，中国书法家协会名誉主席，世界华人书画家联合会创会主席，中国佛教协会、故宫博物院、国家博物馆顾问等。1979至2002年任西泠印社副社长，2002年起任西泠印社社长。

李苦禅（1899—1983），原名李英杰、李英，字超三、励公。山东高唐人。时为中央美术学院教授。1923年拜齐白石为师。曾任杭州艺专教授，中国美术家协会理事，中国画研究院院务委员。

萧淑芳（1911—2005），女，广东中山人。时为中央美术学院国画系教授。1926至1928年入北平国立艺专学西画。曾任中央美术学院教授、中国美术家协会会员、全国妇联第四届执委、中国民主同盟盟员、吴作人艺术馆馆长、吴作人国际美术基金会会长。吴作人夫人。

罗福颐（1905—1981），字子期，笔名梓溪、紫溪，70岁后自号偻翁。罗振玉之子。祖籍浙江上虞，出生于江苏淮安。时为故宫博物院副研究员。古文字学家，对各种古文字资料都很熟悉，研究范围涉及青铜器、古玺印、战国至汉代竹木简、汉魏石经、墓志等。历任北京大学文科研究所讲师、文化部副研究员和业务秘书、文化部国家文物局咨议委员会委员 、中国考古学会理事、

赵朴初（1907—2000），字荣续，别署开翁。安徽太湖人，生于安庆。时为全国人大常务委员。学者、诗人，勤于文史哲研究，古典词赋造诣深厚，墨宝遍及全国。曾任华东军政委员会民政部副部长、上海人民政府政法委员会副主任、中国红十字会名誉会长、中日友好协会副会长、中国书法家协会副主席、民进中央副主席、中国佛教协会会长、全国政协副主席等。1979至1993年

任西泠印社名誉社长，1993年起任西泠印社社长。

徐之谦（1903—1985），字钵厂，号益斋，又号居庸山农，北京昌平区马池口镇葛村人。时为北京荣宝斋编辑科编辑。1920年经人介绍，进北京文楷斋刻书处学徒。1927年，徐之谦调到商务印书馆编辑所的旧书部工作，补写百衲版《二十四史》。1932年被困沪上，靠卖字制印维持生计，后返回故里务农。1951年4月，北京荣宝斋得知其在原籍务农，将他请回荣宝斋担任编辑，从事书法、篆刻工作。天安门广场人民英雄纪念碑上十块浮雕的标题文字出其手笔。

顿立夫（1906—1988），名群，字立夫，又字历夫，晚号慨叟，河北涿县人。原为王福庵家的车夫兼杂役，后收为弟子。擅书法篆刻。是中华人民共和国国印“中华人民共和国中央人民政府”首任印鉴的制作者。中国书法家协会会员。

李进（1922—2002），原名李硕诚，笔名夏阳。江苏泰州人。作家。新中国成立后历任江苏省文化局副局长、中国人民赴朝文工团团长、江苏省教育厅副厅长、江苏省文化局局长、江苏省文化艺术联合会副主席、《雨花》主编、江苏省文学研究所所长等。

宋文治（1919—1999），江苏太仓人。早年于上海广告社学徒，后于苏州美术专科学校肄业，任中小学及师范美术教师。1957年任江苏省国画院画师，后任副院长。为中国美术家协会理事、中国美术家协会江苏分会副主席、南京大学教授、江苏省国际文化交流中心副理事长、江苏省政协常委。

张寒月（1906—2005），本名政，字莲光，又字兆麟，别署寒月斋主。江苏省苏州城外黄埭镇人。时为苏州工艺美术厂工人。18岁在“报国寺”皈依印光法师，法名“德经”。23岁受吴昌硕指授，并介绍转师赵古泥。自营“海棠馆”，经营书画篆刻，出版印谱。新中国成立后，参加苏州工艺美术局的金石小组工作，1962年入江苏省书法印章研究组为组员。中国书法家协会会员、中国书法家协会江苏分会理事、苏州市文联艺术指导委员会委员、苏州市书法家协会顾问、东吴印社顾问，曾任全国篆刻征稿评比评审委员。

蔡谨士（1914—1981），苏州人。擅金石篆刻，涉足碑刻艺术、仿古铜器。为苏州艺石斋创建人之一。

高石农（1916—1988），又名惜文，室名度云楼、耕石庐，江苏无锡堰桥人。时供职于无锡市政协文艺组。潜心于书法篆刻。为中国书法家协会会员，中华全国书法教育学会特邀顾问，江苏书法家协会名誉理事，无锡市书法家协会名誉主席，无锡市书法艺术专科学校副校长、代校长，无锡西神印社首任社长。

赖少其（1915—2000），笔名少麟，斋号木石斋。广东普宁市下市乡人。时任安徽省委宣传部副部长兼省文联主席。独创“以白压黑”技法，为新徽派版画的主要创始人。毕业于广州美术专科学校，后在皖南参加新四军。1941年在“皖南事变”中被捕，被关押在“上饶集中营”，后越狱回到苏北解放区。先后历任《苏中报》副刊编辑、新四军一师宣传部文艺科长、四纵队二十九团政治处副主任、四纵队宣传部副部长、八纵队宣传部部长。新中国成立后，历任南京军管会文艺处处长、中共南京市委宣传部副部长兼南京市文联主席、华东文化艺术联合会副主席兼秘书长、上海文化艺术联合会副主席、上海美术家协会副主席兼上海中国画院筹委会主任。1959年2月任中共安徽省委宣传部副部长兼省文联主席、安徽美术家协会主席和安徽省书法家协会主席、中国版画家协会副主席、广东美术家协会名誉副主席、安徽省政协副主席、中国美术家协会和书法家协会常务理事、中国作家协会会员等。

周哲文（1916—2001），祖籍福建长乐，生于福州。时供职于福州画院。新中国成立后，陆续在福州美术工作者协会、福建省文化局等处协助工作，于1956年9月先后在福建省手工业管理局、福建工艺美术研究所供职。曾任过福州市书法篆刻研究会副会长、中国民主同盟中央文化工作委员会委员、第四至七届福建省政协委员、福建省国际文化经济交流中心理事、中国书法家协会会员、福建省书法家协会顾问，福州市文化艺术联合会名誉主席，福州画院副院长。

朱复戡（1902—1989），原名义方，字百行，号静龛，40岁后更名起，号复戡，以复戡号行，浙江鄞县梅墟人，居上海。幼承庭训，涉猎经史，好习书画。南洋公学毕业后留学法国，回国后历任上海美专教授、中国画会常委。新中国成立后，从事美术设计。20世纪60年代由上海迁居山东济南、泰安，80年代返寓上海。历任政协山东省委委员、国务院发展研究中心国际技术经济研究所上海分所高级研究员、上海交通大学兼职教授、上海佛教协会顾问、中国书法家协会名誉理事等。

马国权（1931—2002），字达堂。祖籍广东南海。香港《大公报》编辑。中山大学古文字学副博士研究生毕业，师事容庚。历主中山大学、暨南大学教席。1979 年移职香港《大公报》撰述员，兼任香港中文大学考古艺术研究中心研究员，后被香港康乐及文化事务处委任为艺术顾问。曾任中国古文字研究会理事、中国书法家协会学术委员会委员、暨南大学及广州美术学院客座教授等。退休后侨居多伦多，任加拿大中国书法协会副会长。

主要参考书目、文章

1.旷晨、潘良编著《我们的1960年代》第227页，中国友谊出版公司2006年12月出版。

2.吕国璋《兴旺时期的显著变化》，《西泠印社九十年》第15页，西泠印社出版社，1993年10月出版。

3.李艺《千金散尽只为父亲》，2015年1月6日《温州日报》。

4.王松泉著《民国杭州藏书家》，政协杭州市委员会文史委编《杭垣旧事》第44页，2001年9月出版。

5.吕国璋《关于西泠印社文化事业与产业的发展》，《西泠印社百年图史》第106页。西泠印社出版社，2003年10月出版。

6.陈洁行著《轨迹》，西泠印社出版社，2008年10月出版。

7.《西泠书画院25周年回顾》，中国美术学院出版社，2005年5月出版。

8.徐弘道《天下春从笔底来》，《西泠艺报》1986年5月第12期。

9.《中国共产党编年史（1966—1976）》第2905~2906页。山西人民出版社，2002年出版。

10.孔凡礼《和平的种子——重温朴老与日本书法代表团举行书法交流即席题》，2006年12月《安徽赵朴初研究会会刊》。

11.西泠印社建社75周年社员大会文档，西泠印社社务委员会存。

后　记

1979年是个值得特殊记忆的年份，中国改革开放的大潮初起，神州一派生机。浩荡东风里，大地即将万象更新，面貌焕然。在此及之前，西泠印社在杭州书画社的庇护下，紧随时代节拍，发生了一系列有影响的大事：西泠印社出版社成立；创办西泠印刷厂；杭州书画社体系裂变，西泠印社独立编制；《西泠艺丛》出版发行；组建西泠书画院；经济效益连年攀升，公共积累规模不断扩大；对外艺术交流持续升温；天时地利，一个生机勃勃充满活力的西泠印社展现在世人面前！

《东风浩荡》的设定，就是以西泠印社发生在1979年及之前的事件为基本线索，系统地介绍从1964至1979年这一时段，西泠印社在杭州书画社自收自支体制内及自立后的运行与存在状态。

之所以这样设定，主要基于两点考虑：一是非常年代的特殊性——西泠印社的园林、文物在杭州书画社的庇护下得以较为完整地保存下来。还有，它发生的一系列很有影响的大事，能够也值得引起更多人的思考。二是庆祝建社75周年大会的突出性——随着改革开放的到来，文化艺术的命运也在发生着重大变化。杭州市文化局在中国文学艺术工作者第四次代表大会召开的背景下，“为迅速恢复和发展西泠印社的学术活动，繁荣金石书画艺术创作”，及时召开西泠印社建社第75周年纪念大会，具有突出的时代意义，它标志着西泠印社迎来艺术繁荣的春天，即将迈上全面快速发展的新纪元！

本集的编撰，首先感谢吕国璋先生的帮助和指导，他长期担任杭州书画社、西泠印社的领导，是西泠印社文化产业的开拓者、创业者，是西泠印社事业变革与发展的见证者。他虽年届鲐背，欣然接受作者访谈，依然思维敏慧，神采奕奕，热情地与作者两次交谈六个多小时，并接受作者诚邀，对本书初稿逐句进行认真细致地审读，修改更正、增补数处，使得书稿更为客观地反映了那个年代的真实面貌。

在资料收集方面还得到西泠印社老职工、社员吴振华先生，印社档案室周明，印学图书馆诸葛慧，社址管理办公室袁力鑫等的大力支持。在此一并表示衷心感谢！

拙文所述，虽努力而为，仍恐有所失，诚恳地希冀得到方家指正！

2016年5月10日初稿

2016年7月24日二稿

图书在版编目（C I P）数据

东风浩荡 / 刘江主编，王佩智编著. -- 杭州 : 西泠印社出版社，2016.8
（品味西泠丛书）
ISBN 978-7-5508-1833-0

Ⅰ. ①东… Ⅱ. ①刘… ②王… Ⅲ. ①西泠印社-史料 Ⅳ. ①G239.22

中国版本图书馆CIP数据核字（20165）第160168号

东风浩荡——品味西泠丛书

刘　江 主编　　王佩智 编著

出 品 人　江　吟
责任编辑　李　兵
特邀编辑　邓　京
责任出版　冯斌强
封面设计　若　愚
封底篆刻　李　早
出版发行　西泠印社出版社
地　　址　杭州西湖文化广场32号E区5楼
邮　　编　310014
电　　话　0571-87241827
经　　销　全国新华书店
制　　版　杭州美虹电脑设计有限公司
印　　刷　浙江海虹彩色印务有限公司
开　　本　787×1092　1/16
印　　张　10
书　　号　ISBN 978-7-5508-1833-0
版　　次　2016年8月第1版　第1次印刷
定　　价　40.00元